文化管理

构建生态和谐校园的必由之路

付全新 著

江蘇鳳凰教育出版社
Phoenix Education Publishing, Ltd

图书在版编目（CIP）数据

文化管理：构建生态和谐校园的必由之路/付全新著．—南京：江苏凤凰教育出版社，2016.12

ISBN 978-7-5499-5061-4

Ⅰ.①文… Ⅱ.①付… Ⅲ.①中小学—校园文化—建设—研究 Ⅳ.①G637

中国版本图书馆 CIP 数据核字（2015）第 117074 号

书　　名	文化管理——构建生态和谐校园的必由之路
作　　者	付全新
责任编辑	雷利军　李媛媛
出版发行	凤凰出版传媒股份有限公司
	江苏凤凰教育出版社（南京市湖南路 1 号 A 楼　邮编 210009）
苏教网址	http：//www.1088.com.cn
照　　排	润星之源文化有限公司
印　　刷	三河市九洲财鑫印刷有限公司
厂　　址	河北省三河市灵山大口
开　　本	787 毫米×1092 毫米　1/16
印　　张	13
字　　数	186 千字
版　　次	2016 年 12 月第 1 版　2016 年 12 月第 1 次印刷
书　　号	ISBN 978-7-5499-5061-4
定　　价	30.00 元
网店地址	http：//jsfhjycbs.tmall.com
邮购电话	025-85406265，85400774　短信　02585420909
E - mail	jsep@vip.163.com
盗版举报	025-83658579

前　言

一般认为，文化是人类在社会实践过程中所获得的物质的、精神的生产能力和创造的物质财富、精神财富的总和。① 据此概念，则许多实在的自然之物不应属于文化的范畴，但是，如果人们赋予它们一定的意义，如传说等，它们便成了文化或有了文化内涵。因此，我认为，文化的本质是“意义”，故提出：所谓文化是指在一定的社会背景下，人类将自身的实践（或存在）和认识（或思维）赋予一定意义的集合及其进行传递的全过程。

文化有引导、规范、约束、激励人的功能，因此，它具有实然的管理功能。正因为文化与管理的这种固有的内在逻辑联系，使得文化管理作为一个管理学概念、方法或模式成为可能和事实。

管理最重要的目的在于协调和统一组织成员的思想和行动，而立足于依靠意义的诠释、传递来协调组织成员为共同的组织目标而思考、行动和努力的过程就是文化管理。若上述过程发生在学校，作用于学校中全体师生，就被称为学校文化管理。由于人类一切思维和实践活动都是遵循着一定的意义而展开的，可以认为人是追求意义及活在意义之中的动物，所以，学校管理活动就要将师生有意识活动的意义进行强化，将无意识活动的意义进行明晰，从而促使学校的全体师生向着同一个方向思考、行动和努力。遵循人类追寻意义而思考和行动的本性来进行管理，这就是文化管理的本质，因此，文化管理是最切合人类自身需要的管理，是最有效的管理。这也是我所认为的在现代学校中，文化管理将超越或取代传统的经验管理、科学管理，并现存于部分优秀学校和企业中最根本的原因。

由于在学校中生活的师生不断地追问意义，所以，每个师生就会对自己的身份产生认同或不认同；由于对学校发展的意义的集体认同，于是形

---

① 冯契．哲学大辞典（分类修订本）[M]．上海：上海辞书出版社，2007：206.

成了学校师生的共同愿景；由于具有共同愿景及实现共同愿景的强烈愿望，所以，师生会主动契合组织；由于长期在特定的学校中工作、学习、生活而被其文化熏染，师生的文化品相就被定格下来，以至于很难改变，即实现品相定格。以上就是学校实施文化管理的四个层次。一所具有健康文化的学校，其强大的发展动力就是由师生被定格的文化品相所铸成的，这样的学校会因为每个师生特别是教师的努力而变得生机勃勃。如果学校中的师生发生流动，他们被定格的文化品相可能感染新的学校或组织中的人，即同化别人；也可能慢慢被新的环境或团队所“驯化”，即被别的文化所同化，这就出现了文化的传递和冲突。上述过程必然会发生在每一所学校中，如果学校管理者对学校文化发展的方向进行有意识的把握，学校就会发展得更快、更好，即文化管理的效果会更好。

学校为了有效地实施文化管理，需要努力做好以下几个方面的工作。第一，构建学校文化的基础性框架，其中最重要的就是学校精神的凝练、文化内核的发掘、办学理念的明晰、课程文化的建设、优良学风的营造、基本制度的建立等。第二，文化管理是指引和带领而不是强制，因此，只有通过激励才能让符合学校文化内核的文化被强化，并实现全体师生的意义自觉以至品相定格。所以，学校实施文化管理需要管理者充分认识激励在文化管理中的重要价值和作用，确定激励的基本原则，找到激励的基本策略，以建立有效的激励机制。第三，队伍建设是学校实施文化管理最重要的内容，也是最重要的基础，可以说，学校队伍建设既是学校文化管理的手段也是目的。队伍建设需要涂抹好队伍的文化底色、抓好师德建设、帮助教师实现专业发展、抓好干部队伍、提升校长个人修为等方面协同进行。

文化管理是依靠或基于意义将师生凝聚在一起，依靠师生通过意义自觉而进行自我管理的一种管理方式，故而文化管理是最容易构建生态和谐校园的管理方式，甚至可以说是必由之路。

付全新

目录

第一章

学校文化管理的发展与现状

20 世纪是管理的世纪。在这短短的一百年间，管理理论迅猛发展，已成长为“茂密的丛林”。社会各界都在强调管理、提倡管理，在学校中也是如此。文化管理是学校管理中最为科学的管理方式。

第一节 管理与文化管理

管理是指在特定的环境条件下，以人为中心，对组织所拥有的资源进行有效的决策、计划、组织、领导、控制，以便达到既定组织目标的过程。管理经历了从经验管理到科学管理再到文化管理的过程，从这一总体趋势看，文化管理是管理适应现代社会发展的必然选择。

一、“管理理论丛林”的提出

美国管理学家哈罗德·孔茨于 1961 年提出“管理理论丛林”说。他认为，当时有体系和有影响的管理理论有 6 大学派，希望能从中总结出统一的规律，并找到一条穿越“丛林”之路。然而，1980 年，孔茨再次审视“管理理论丛林”，发现它们更加“茂密”，管理理论学派增加到 11 个。

为什么管理理论会呈现丛林状态且越来越“茂密”呢？管理学与其他学说或科学一样，都是首先通过对自然状态下事物的运动、变化、发展的观察，或精心设计实验进行观察再总结其规律，然后在实践中运用规律并加以验证，从而成为一门学说或科学的。例如，伽利略通过观察许多物体的自由落体运动，总结出自由落体规律，再进行比萨斜塔的实验验证，其结果一目了然。无疑，在自然科学的研究中，面对一种现象，通常只有一种解释可以揭示其运动和发展的本质及规律性，而且，任何人进行相关规律的实验验证，只要实验条件一致，其结果都具有唯一性。与自然科学不同，在管理学的研究中，面对一种现象，不仅通常很难用一种解释来揭示其本质和规律性，更为重要的是，如果将其他人提出或证明了的某种管理理论进行验证，这甚至比提出一种理论更加困难。这是因为基于人而进行的任何管理理论或规律的验证，都必然受不同被试的个人因素的干扰，也就是受不同被试的主观能动性的干扰，使得管理学的理论或规律难以验证。正因为如此，不同的研究者基于一定的实践、观察、分析和研究，都可以提出相应的理论，故而出现了“管理理论丛林”。并且，可以肯定的是，直到今天，管理学仍然没有从丛林状态变成一棵有根有干的参天大树，或者说尚未找到一条穿越“丛林”之路。甚至，到目前为止，对于管理学能否走出丛林或变成一棵参天大树，管理学界尚无一致的结论。所以，学校管理学或教育管理学作为管理学的一个分支（也是教育学的一个分支），同样也没能长成一棵有根有干的参天大树，也没能走出管理理论的丛林。

我认为，能够自成一说的任何关于学校管理方法的理论和实践讨论，都有其价值和作用，都能对走出学校管理理论的“丛林”起到一定作用。基于这种考虑，我主要以湖北省宜昌市葛洲坝中学（以下简称“葛中”）和湖北省宜昌市第一中学（以下简称“市一中”）的学校管理实践作为背景，对学校管理进行探究。①

二、管理学先贤对文化管理的探索

（一）文化管理思想的种子

美国管理思想史学者克劳德·小乔治在《管理思想史》中介绍了1960年以前西方有影响的管理学学者或先贤对管理学的贡献。他发现，大约在公元前400年的苏格拉底时代，居鲁士就对管理学做出了相应的贡献，认识到良好的人事工作或人际关系的价值。② 重视组织中和谐人际关系的构建是文化管理的要素之一，其思想中透射出人文关怀的理念，这与文化管理的思想在立论基础上有共通之处，这是文化管理思想的种子之一。小乔治同时介绍了1525年尼科洛·马基雅维利对人际关系和谐的重

① 我于2009年8月任葛中校长，于2013年4月又被任命市一中校长，所以，本书中大部分的案例出自我在葛中和市一中的管理实践。

② 克劳德·小乔治．管理思想史［M］．孙耀君译．北京：商务印书馆，1985：26.

视。他认为管理应遵循以下几项原则：依靠群众的同意；内聚力；领导；存在下去的意愿。[①] 这种“依靠群众同意”的民主思想，是学校文化管理的基础；“承认组织中的内聚力的必要”，是文化管理致力于在组织建设上所追求的目标；“阐明领导的品质”，是领导与团队成员沟通的重要内容，也是评价组织活力及文化管理实施程度和层次的依据之一。1810年，罗伯特·欧文认为，应“认识到人事方法的必要并予以应用；承担起训练工人的责任；为工人建立成排的干净住房”。欧文的思想反映出对工人给予人文关怀的管理思想。[②] 正是这些管理学的先贤对管理中文化因素的重视，才奠定了必要的文化管理理论基础。

（二）文化管理方法的萌芽

文化管理作为一种管理方法，是以管理学家和管理者开始重视企业文化为开端的。因为，文化管理本身就是以重视组织文化的建设并对组织成员进行文化熏染为基础而进行的管理。

世界知名管理咨询专家、社会心理学家和组织顾问、美国麻省理工大学斯隆商学院埃德加·沙因教授，被公认是“企业文化”一词的发明者，他在《组织文化与领导力》一书中最早提出这一概念。

他对文化及组织作用的关注与重视是从对管理案例的思考开始的。该书开篇就有对四个小案例的分析，由此证明他所说的“虽然文化是一个抽象的概念，但源自文化的影响力，在社会和组织情景中产生的作用是巨大的”[③]。我仅举沙因在书中所讲的一例，来分析一下管理专家从文化的视觉审视组织文化与其领导力的理性所在。“案例发生在阿莫科公司，一个大型石油公司，最终与英国石油公司合并。阿莫科公司决定将所有的产品设计职能集中到一个独立的服务部门。工程师们早已成为项目的组成部分，但现在，公司认为他们应该去向那些付费的顾客售卖他们的服务。工

---

① 克劳德·小乔治．管理思想史［M］．孙耀君译．北京：商务印书馆，1985：55—57.

② 克劳德·小乔治．管理思想史［M］．孙耀君译．北京：商务印书馆，1985：76.

③ 埃德加·沙因．组织文化与领导力［M］．马红宇，王斌等译．北京：中国人民大学出版社，2011：3.

程师们非常抵触这个改变，许多人都很害怕离开这个组织。我们无法通过对组织进行改组来适应公司的新需要。”接下来，他对一些类似这样在公司中出现问题的原因进行分析后指出：“在阿莫科公司，当知道在他们的公司文化里有着这样的假设‘好工作自会为自己宣传’和‘工程师不需要到外面去推销自己’后，我开始理解工程师们为什么会抵制变革。他们已经习惯了别人来找他们服务，还尚未形成一个关于如何推销自己的好模式。”他进一步指出：“要理解这类情景，需要采用文化的视觉；学习通过文化的镜头来看世界；逐渐胜任文化分析——我的意思是，通过以上方式，就可以察觉和解释团体、组织和公司内组织和文化的力量。”

沙因通过对大量案例的分析和研究得出了这样的结论，即文化的概念很抽象，很难说得清楚，但文化对个人和组织的行为和态度的影响非常实际而具体地存在着，这就是文化管理方法的萌芽。

（三）文化管理作为管理学概念的正式提出

最早提出“文化管理”这一管理学概念的是美国管理学家迪尔和肯尼迪。他们于 1982 年正式提出“文化管理”概念，这正是文化管理及文化管理学派由孕育到正式萌芽的时期。这个结论也为大多数学者所认同。随后，文化管理从企业文化管理中独立出来，成为适合一切组织的管理思想、理论和方法。学校当然也不例外。

在中国最早提出并使用文化管理概念的研究者是清华大学的张德教授。他于 1993 年撰文指出：“纵观企业管理的全部历史，大致经历了经验管理、科学管理、文化管理三个阶段。”[①] 文章中他还详细论述了为什么企业管理必须经历“从经验管理到科学管理——企业管理的第一次飞跃”及“从科学管理到文化管理——企业管理的第二次飞跃”的原因。他认为，在服务制胜时代到来后，科学管理必将让位于以人为中心的、高度重视观念和感情因素的非理性管理模式，即文化管理。他还指出，文化管理

① 张德．从科学管理到文化管理——企业管理的软化趋势［J］．清华大学学报（哲学社会科学版），1993，8（1）：28.

纠正了科学管理重物轻人的偏向。学校管理几乎全部都是直接涉及人的管理，因此，学校更应该实施文化管理。所以，这也间接说明以学校文化管理为研究主题进行相关理论与实践探索是具有重要意义和价值的。

三、文化管理对传统管理的替代和超越

（一）人类劳动目的的改变

生产力的快速发展带来物质的不断丰富，并由此带来劳动者需求的变化，因而导致管理方式发生改变，文化管理成为必然选择。

由于生产力的发展，全人类的温饱问题已经基本解决。比如，我国在1987年宣布已经基本解决温饱问题，2000年我国基本实现“小康”，这使得人们对劳动的目的和价值的认识发生了很大的改变，人们开始重新审视劳动的意义。在这种背景下，劳动者并非完全以挣钱糊口为根本目的，他们同样在乎团队中和谐的人际关系，关注自己在团队和社会中受尊重的程度，以及自己的价值是否得到实现，等等。正如杰克·费茨一恩兹博士在20世纪末对员工的需求进行研究后指出的一样：“从历史看，美国最成功的公司的创立者懂得，他们必须创造一个让职工们感到他们是一个‘家庭’中的一部分的氛围；在公司这一母体中，他们有安全的保障，会取得成功。”[①] 员工的需求决定管理的方式，因此，对经验管理和科学管理进行扬弃就是管理学必须面对的问题。文化管理应运而生，成为各种组织和团队管理者的必然选择。

（二）人类主要劳动方式的改变

学校中教师劳动和学生学习的特点决定学校管理必须选择文化管理。教师的劳动和学生的学习都以脑力劳动为主，脑力劳动者在劳动过程中投入的程度是由他对其所从事工作的意义和重要性的认识决定的。当这种意义和重要性变成脑力劳动者的自觉性和责任感时，其积极性和创造性才会

---

① 杰克·费茨一恩兹．绩优公司的最佳做法［M］．孟俭译．上海：上海人民出版社，1998．转引自：孙鹤娟．学校文化管理［M］．北京：教育科学出版社，2004：18—19．

被充分地调动起来，相应的劳动主体才会更投入，劳动的效率才会更高，效果才会更好。

显然，如果对脑力劳动者进行外部控制和重奖重罚式的经验管理或科学管理，难以激发其自觉性和责任感，就不会有好的劳动收益，这是管理和管理者的失败。所以，徐国华教授等人认为，文化管理是对脑力劳动为主的信息时代的唯一适用的管理模式。[①] 鉴于师生劳动的特点，在学校管理中更应或只能实施文化管理。

（三）管理理论及研究的进步与发展

诚如孔茨所说，20 世纪初人类对管理的研究才起步；40 年代才对管理进行系统的研究；60 年代初，各种管理理论和管理学派逐渐形成一片丛林，共 6 个主要学派；80 年代初，管理理论的丛林更加茂密，至少产生了 11 个学派。

这是为什么呢？我认为，工业化导致了生产力飞速发展，生产力的飞速发展必然需要一定的管理方法与之相适应，因此就催生了人们对管理理论研究的兴趣和热情，最终导致管理理论迅速更新、进步和发展。可以肯定的是，随着从 20 世纪末就已经开始的信息化时代的到来，管理学的研究也必然要提出相应的理论和方法，因而文化管理作为一种全新的管理方式和管理理论，超越、替代经验管理和科学管理已成为必然。

---

① 徐国华，张德，赵平．管理学［M］．北京：清华大学出版社，1998：477.

第二节　管理理论发展的当代形态

如果说20世纪科技的迅猛发展使人类迅速由工业社会步入信息社会，那么，管理学的研究及管理理论的发展同样迅猛。正如英国管理学家斯图尔特·克雷纳所说："在过去的100年里，管理才得到认识、分析、监控和传授，才有了一定的形式。20世纪是管理的世纪。"①

一、管理理论的基本形态

管理理论的基本形态取决于研究者划分的依据和方法，主要包括两种：一种是孔茨于1980年总结的11个管理理论学派等相对传统的管理理论形态；另一种是孔茨总结之后出现的新型管理理论学派等相对现代的管理理论形态。

（一）相对传统的管理理论形态

相对传统的管理理论形态，即孔茨所划分的11种管理学派是研究管理学派别和形态不能忽略的内容，也是管理学学习的常识性内容。以下主要从11个学派对教育管理，尤其是对学校文化管理的价值与启示的角度进行简述。

1. 管理过程学派

管理过程学派的创始人是法国管理学家法约尔，孔茨是代表人物之一。管理过程学派认为，在学校管理中应该总结和确定一些基础性原理，

---

① 斯图尔特·克雷纳．管理百年：20世纪管理思想与实践的批判性回顾［M］．邱琼等译．海口：海南出版社，2003：1.

再根据原理来实施并不断改进管理和管理过程。

2. 人际关系学派

人际关系学派认为，在学校管理中，应该注重人的因素在管理中所发挥的重要作用和影响。学校管理的研究和实践都必须重视人际关系这个问题，通过一定的活动或安排，加深学校中教师之间、学生之间及师生之间的了解、理解，这对学校目标的实现具有重要作用。

3. 群体行为学派

群体行为学派也称组织行为学派，认为学校管理者应当重视群体建设，尤其是正式的组织建设，如备课组、教研组、年级组等，还要关注学校中的非正式组织，善于分析和把握各种群体或组织的文化和行为方式。

4. 经验学派

经验学派也称案例学派，认为学校管理是一项实践活动，学校要善于总结和研究管理过程中成功或失败的案例，既要重视经验（即不犯同样的错误），又不要唯经验是从（即要善于创新），因为学校中师生的组成及其思想都处在不断的变化之中。

5. 社会协作系统学派

社会协作系统学派给学校管理者的启示有三个方面：学校是一个受文化环境的压力和冲突支配的社会有机体；学校中各种大小组织会发生相互影响；重视激励在学校管理中的重要性，如经济性激励。

6. 社会技术系统学派

社会技术系统学派认为，学校管理中有两个系统值得注意：一是社会系统，如社会环境、人际关系等；二是技术系统，在教育活动和过程中，管理既离不开现代技术，本身也包含着一定的技术。

7. 系统学派

系统学派认为，学校管理的研究、分析与实施必须强调系统方法。这种系统方法既指研究的系统性，也指对学校管理分析时要普遍联系、全面进行，还指学校管理实施过程中要进行系列方法的设计与安排。

8. 决策理论学派

决策理论学派认为，学校管理中最重要的任务就是决策，最好的学校管理或管理得最好的学校，一定由很多因素共同促成，而决策在其中起着先导性和决定性作用。学校管理者必须高度重视决策的机会成本，尽量保证决策的科学性和正确性。

9. 数学学派

数学学派也称管理科学学派，认为在学校管理中，特别是事关教师利益分配的制度制订过程中，编制数学模型尤为重要。对于两个不太相关的工作岗位上的教职工，要科学衡量每位员工的劳动付出和劳动所得，这是数学学派的基本思想。

10. 权变理论学派

权变理论学派认为，学校管理中同样的事情会发生在不同的人的身上，但对同样事情的肯定和否定的程度、方式要有所不同；同样，对于不同的事情发生在同一个人的身上，不论其对学校或他人具有积极意义还是消极意义，其肯定和否定的程度、方式也要有所不同。

11. 经理角色学派

经理角色学派认为，学校管理中，从学校校级领导到中层干部再到每位教师都是管理者，学生在学校中也具有管理者的身份，因此，每位师生都扮演多种角色，尤其要把握好人际关系、信息传递及决策与选择三个方面的角色。学校领导者必须尊重并明确定位每个人的角色，重视培养每位师生的角色意识。

（二）相对现代的管理理论形态

自孔茨后，不同学者对管理理论划分的方法有较大差异。1996 年，英国管理学家胡克金斯基将管理思想划分为 6 大学派，即官位主义、科学管理、行政管理、人际关系、新人际关系和大师理论。[①] 另有学者经过研究提出现代管理理论可分为7大流派：战略管理学理论、现代企业理论、企业再造理论、企业文化理论、企业能力理论、企业资源理论和知识管理理论。[②] 还有学者指出，进入21世纪，管理学发展的焦点是现代性、超现代性和后现代性之争。[③] 这种以时代为划分依据的方法是最无争议的，但其研究价值就很难说了。应该说，上述是不同学者对西方一百年来管理思想的另一种划分，也是对孔茨提出的11种管理理论学派的重新梳理，因此此处不做太多的介绍，只简述他们的研究成果，以说明人们对管理思想研究的重视与管理思想的丰富性。

其中，美国管理学家迈克尔·哈默和詹姆斯·钱皮共同提出的企业再造理论是现代企业管理理论中有一定影响的理论之一。他们认为，为了使企业的绩效获得根本性改善，必须彻底改造企业现有的业务流程，主要是改变或提高产品质量与服务质量，不断提高顾客满意程度，想办法降低成本，努力提高员工的工作效率等。但企业再造理论与学校管理的相关性不强。而在现代管理理论中，更有影响并且与学校管理理论具有较为显著共通性的管理理论主要有以下几种。

1. 学习型组织理论

“学习型组织”这一概念是美国哈佛大学佛瑞思特教授在1965年《企业的新设计》一文中首先提出的。他运用系统动力学的原理构想出学习型组织的一些基本特征：组织结构扁平化，组织信息化，组织更具开放性，组织不断学习、不断调整组织内部的结构关系等。所谓学习型组织，是使全体成员全身心投入并有能力不断学习的组织，是能够通过不断学习改革自身的组织，是能够通过学习创造自我、创造未来的组织。

在有关学习型组织理论的研究成果中，最具代表性的是彼得·圣吉教

---

① 安德泽杰·胡克金斯基．管理宗师：世界一流的管理思想［M］．王宏方译．大连：东北财经大学出版社，1998：13—41．

② 苏勇．当代西方管理学流派［M］．上海：复旦大学出版社，2007：328—351．

③ 罗珉．管理学前沿理论研究［M］．成都：西南财经大学出版社，2006：193．

授的五项修炼。“彼得·圣吉提出的‘五项修炼’是学习型组织的一种模型，被称作‘圣吉模型’，其他还有‘沃尔纳五阶段模型’‘瑞定第四种模型’‘微软四原则模型’等。专家们普遍认为圣吉的‘五项修炼’是整合得比较好的创建学习型组织的艺术与实务，使学习型组织这一管理理论更加系统、更加完整。”①

彼得·圣吉在《第五项修炼：学习型组织的艺术与实践》中提出了学习型组织的五项修炼，即自我超越、改善心智模式、建立共同愿景、团体学习和系统思考。其中，系统思考是核心，改善心智模式和团队学习是基础，自我超越和建立共同愿景是向上张力。圣吉认为，通过这五项修炼人们得以不断扩展创造未来的能量，培养全新、前瞻而开阔的思考方式，全力实现共同愿望，并持续学习。

为什么学习型组织理论是一种管理理论？如果我们将五项修炼结合起来，努力构建一种学习型组织，其本质上就是一种管理或管理科学。可以这样理解，学习型组织的建设就是一种潜在的管理。第一，组织与个人的发展和进步的本质就是自我超越，每个人的自我超越自然实现组织的自我超越；第二，一个人的自我超越必须以改善心智模式为基础，看问题的角度、思考问题的方式，通常就是自我超越的最大障碍，所以，必须改善心智模式；第三，任何人都处在一定的团队之中，只依靠一个人的力量，在没有得到其他人间接或直接帮助的情况下去完成一件事情，都是不可能的，因此，与他人尤其是自己所在组织中的人建立共同愿景，是完成和实现个人愿景的条件和必需；第四，个体学习与团体学习的区别仅仅是学习范围的大小，根本都是学习，如果进行团队学习，学习的氛围会更浓厚，人们可以互相帮助；第五，系统思考是改变与提升的关键，人的一切改变都源于内心深刻的认同，而内心深刻的认同又源于内心深刻的反思。其中，圣吉将学习、思考作为最后两项修炼的内容，与孔子所说的“学而不思则罔，思而不学则殆”非常吻合，是个人修炼与组织修炼的真谛。上述过程一旦实现完成，个人的进步、组织的进步就实现了。所以，虽然圣吉

---

① 张声雄．第五项修炼导读［M］．上海：上海三联书店，2001：6.

给出的是提升个人和组织的方法，但实现的是管理的目的，因此，管理学学者普遍认同学习型组织的建设是一种管理理论。

2. Z理论

Z理论是美国学者威廉·大内首先提出来的。他通过比较美国和日本的企业及企业文化的差异，认为是文化构成了不同的行为环境，从而使人们形成了不同的行为模式。从两国企业发展情况的分析中，他发现企业要想获得成功，必须在管理者、员工之间建立起信任、敏感、亲密的关系，强调将坦诚、开放、沟通作为实行民主管理的基本原则。

Z理论中有许多观点、做法值得学校管理者学习、研究和借鉴。比如，"培养人际交往的能力"是学校必不可少的任务，特别是对于学生来说，不仅有在学校生活中与人沟通和交往的现实意义，也有指向未来社会生活的意义；"稳定雇佣关系"是让组织中的人形成归属感的核心，在学校管理中亦然，不要动不动就"换人"，而应该让每个人都比原来做得更好。①

3. 战略管理理论

战略管理理论属于战略管理学派，该学派自20世纪60年代形成以来，就一直居于管理学的前沿地位，吸引了管理学家的广泛探讨。就其发展历程而言，主要有战略规划学派、环境适应学派、竞争战略学派、资源基础论与核心能力学派。然而，由于人们对战略的本质没有达成共识，因而战略形成的整体就像一头大象，存在着各种各样的战略管理学派。

哈佛大学商学院迈克尔·波特教授首先提出了企业竞争战略理论。他总结出三类成功型战略思想：一是成本战略。竭尽全力降低成本，控制费用，改善生产设施。二是差异化战略。追求产品性能、产品质量和服务差异化。三是专业化战略。为特定的群体、市场、行业提供战略服务。此外，W. 钱·金和勒妮·莫博涅于2005年在二人合著的《蓝海战略》一书中最早提出蓝海战略，核心观点就是不一味地满足和适应客户需求和选

① 威廉·大内．Z理论（珍藏版）[M]．朱雁斌译．北京：机械工业出版社，2013：80—98.

择，将超越对手转向寻找和改变买方价值需求，即价值创新是蓝海战略的基础，通过开辟新兴市场和改变市场本身的结构去赢得竞争的胜利和主动权。

战略管理学派对学校管理具有重要的启示。学校发展必须有相应的战略，也就是靠什么在激烈的学校竞争中取得更好的社会声誉和办学成就，这是学校管理者必须经常思考与反复思考的问题。具体的战略管理理论，如成本战略理论告诉我们，必须重视对办学成本的控制，其中不仅仅是学校办学经费的成本，更是教师和学生时间、精力的成本。又如，差异化战略和专业化战略，也就是我们现在许多人常说的办学特色，给学校管理带来的启示也是很大的。再如，蓝海战略对学校管理具有更加重要的启示，学校实施新课程改革，真正的阻力不是来自校长、教师，也不是来自学生，最大的阻力是以家长为代表的利益主体。要推进新课程改革，就必须改变家长对教育的态度以及对学校办学质量和发展方向的认识。

4. 文化管理学派

如前所述，1982 年，美国管理学家迪尔和肯尼迪最先提出文化管理的概念。现在国内最新的研究认为，文化管理有三层含义：文化管理是一种管理思想或思潮，是以价值观为核心的文化管理思潮、管理方式，构成文化管理学派；文化管理是一种管理学理论，是管理理论发展的新阶段，是一种以人为中心的管理思想和管理理念；文化管理是把组织文化建设作为管理中心工作的管理模式，即文化管理思想、学说和理论在现代组织的管理实践方式。因此，可以肯定的是，文化管理逐渐被管理学界所认同，文化管理学派正在或已经基本形成。

二、管理理论整合

管理学家在管理实践中不断发掘新的、有效的管理学方法，形成管理学新理论的同时，对通过整合现有管理理论走出管理理论的“丛林”的兴趣非常强烈。而且，就现实的管理理论的丛林状态来看，要进行理论的整合比再创造出一种新的管理理论学派可能更难。所以，1980 年，孔茨在

《再论管理理论的丛林》中提出了 11 个管理理论学派，同时指出，“形成一种适用的管理理论和科学的进程是缓慢的，无疑我们仍旧未能就管理的科学基础获得明确的认识，也还不能清楚地表达合格管理者的确切含义”①。

（一）现代管理理论的整合

胡国栋博士对现代管理理论整合问题的研究比较深入。他在国家社会科学基金重大项目“新组织理论和组织治理研究”的研究成果中，对现代管理理论整合问题有较为独到的见解，具有一定的代表性。②

第一，管理理论的分裂或分化是不争的事实。管理学界对人性的“经济人”“社会人”“自我实现人”“复杂人”“文化人”等基本假设导致了现代管理学走向分裂，分析层次的推移与管理理论聚焦点的分化同样导致现代管理学走向分裂。

第二，管理学理论的整合具有重要价值。在这方面最先提出整合的还是孔茨，他希望找到走出“丛林”之路。自 1961 年孔茨发表《管理理论的丛林》以来，人们对管理理论整合的研究很多，并不少于对分化出来的管理学新理论的研究。因为，管理学家都认为，走出“丛林”的管理理论，可以帮助人们获得管理的统一性认识或理论，更好地服务于现实的管理实践，进而建立起一门经得起实践检验的管理科学。

第三，经过系统整理，大体可以梳理出较有影响的三种管理理论整合路径，分别是系统论、权变论和过程论。以系统论作为整合路径的代表性理论主要有依佐尼的结构主义模型、汤普森的层次模型及卡斯特与罗森茨韦克的系统模型。以权变论作为整合路径的管理学理论主要有骆奇和劳伦斯理论的权变模型及卢桑斯的权变理论。以过程论作为整合路径的代表性学者有孔茨与韦里克、罗宾斯等人。

---

① Harold Koontz. The Management Theory Jungle Revised [J]. Academy of Management Journal, 1980, 5 (2): 175－187.

② 胡国栋. 管理理论丛林分化的逻辑脉络及其整合的理论路径 [J]. 云南财经大学学报, 2013 (4): 21－28.

第四，管理理论整合难以完成的原因。系统论整合的系统分析，仅仅是一系列态度和一种思维框架，而不是一种确定的和精致的理论，也就是它没有提供实质性的理论，加之系统论整合理论倾向于对现状表示认同的保守性，导致其在很大程度上缺乏实用性与操作性。权变论整合者自己及他人均曾期望权变整合理论能带领管理学走出丛林状态，但其不足是理论框架简单化而难以穷尽所有的管理变量，并且权变理论容易陷入相对主义的泥坑，因而权变论整合理论的实践价值令人质疑；权变理论关心组织变动的结果而非过程，变动的根源在组织外部而非内部，变动的过程在高层管理者而非一般员工。管理过程学派整合失败在于将管理过程细分，导致各个步骤衔接的困难。

第五，要想实现现代管理理论的整合，必须纠正上述缺陷，从后现代管理理论出发，对现代管理学理论和流派进行更深层次的研究、反思，探寻走出“丛林”之路。

（二）西方管理学流派的重新划分

魏文斌教授经过研究将西方管理学重新划分为三个流派，这实际上是一种管理理论的变相整合。他认为，“纵观百年管理学流派的演变，以特定的管理文化为基础发生了三次重大的管理学理论变革，包括以科学文化为基础的科学管理、以人文文化为基础的行为管理和以知识文化为基础的文化管理。这三次重大的管理学理论变革构成了西方管理学的科学管理学派、行为管理学派和文化管理学派三大主流学派，并由此形成了西方管理学的主流派系”。①

科学管理学派研究的出发点是，管理是一门科学，管理可以形成一门学问。主要代表人物有泰罗、法约尔和马克斯·韦伯，他们认为管理的根本任务在于提高管理效率，追求管理的科学化、规范化与有序化。科学管理学派研究的工具是现代一切新的方法论和新技术的成果，如自组织理论、网络技术等新型的理论和技术成果。这一学派涵盖的研究者和细分的

---

① 魏文斌．西方管理学流派的重新划分［J］．国外社会科学，2011（3）：121.

理论学派还包括，以巴纳德为代表的社会系统学派、以西蒙为代表的决策理论学派、以孔茨为代表的管理过程学派、以卡斯特等人为代表的系统管理学派等。

行为管理学派研究的出发点是人，人是影响生产力各要素中最活跃、最重要的因素。研究的重点是个人与个人、群体与群体以及个人与群体之间的关系，以充分调动人的积极性、充分发挥人的主观能动性和促进人的发展为管理的价值追求。其人性假设是梅奥的“社会人”。这一学派涵盖的研究者和细分的理论学派还包括，梅奥的人际关系学派、以赫茨伯格和弗罗姆为代表的个体行为学派、以库尔特·卢因为代表的团体行为学派等。

文化管理学派始于被誉为“现代管理之父”的德鲁克，其核心管理思想是利用价值观进行管理，管理者最重要的任务就是对部属进行价值观的塑造与培养。这一学派涵盖的研究者和细分的理论学派还包括，以德鲁克为代表的管理实践学派、崇尚创新与变革的变革管理学派、以软性管理为重点及重视组织文化建设的组织文化学派、将知识特别是隐性知识和智力视为企业战略资源和资本的知识管理学派等。

“文化管理并不是将科学管理与行为管理对立起来，而是在知识社会的时代背景下，对以往的人类管理智慧进行新的整合，它依靠知识，对自然资源进行合理、科学、综合的配置，实现资源的优化利用，实现科学管理和行为管理的互补与综合。”① 魏文斌教授的这段话似乎在告诉我们，文化管理学派能够实现管理理论的整合。经过上述分析也不难发现，科学管理理论和行为管理理论均不能实现管理理论的整合，文化管理理论和文化管理学派的确是最有可能实现这种整合的。

三、教育管理理论的发展

对于学校管理理论或教育管理理论的发展状况，美国教育管理学家萨

---

① 魏文斌．西方管理学流派的重新划分［J］．国外社会科学，2011（3）：124.

乔万尼曾指出，作为一个研究和实践领域，如今的教育管理面临的一个主要问题就是，它在本质上是无特性的，它从其他知识领域和其他学科接受了太多的影响。应该说，在今天这种情况仍然存在。

当代教育管理理论发展的基本趋势是由客观逐渐趋向主观、由事实效率逐渐趋向价值伦理。对具体的教育理论形态的研究，张新平教授负责的全国教育科学“十五”规划国家级课题“教育管理学理论新进展研究”全面而有价值。他将20世纪50年代以来的教育管理理论进行了梳理，认为教育管理主要有科学论、主观论、价值论、批判论、整合论等理论形态与阶段。除此之外，还有女性主义教育管理学理论、建构主义教育管理学理论等。

（一）前教育管理科学论或教育管理经验论

20世纪50年代以前的教育管理可称为前教育管理科学论或教育管理经验论。这一阶段有两个最显著的特点：一是其理论基础是泰罗、法约尔的科学管理理论。正如张新平教授所说：“在泰罗、法约尔等管理理论影响下成长起来的教育管理学，根本不能算作科学，至多只能看作是逸闻逸事和民间智慧。”二是人们重视经验在管理中的价值和作用。传统教育管理学肤浅粗俗，用哈尔品的话说，“它属于‘赤裸裸的经验论’”①。

（二）教育管理科学论

教育管理科学论最早出现于20世纪50年代的美国，以美国当代著名教育管理学家哈尔品、格林菲斯、坎贝尔等为代表人物。他们决心突破传统的经验论，致力于构建一门真正科学的教育管理学。他们提出，真正科学的教育管理学，应该是“以物理学、天文学这样一些科学为榜样，努力使自己成为一门与自然科学毫无分别的科学。教育管理科学是价值无涉的和客观的，它的旨趣只在于研究正确的决定和做正确决定的过程”②。教

---

① 张新平．外国教育管理学理论发展50年［J］．华东师范大学学报（教育科学版），2003，2（4）：9.

② 张新平．外国教育管理学理论发展50年［J］．华东师范大学学报（教育科学版），2003，2（4）：9—10.

育管理科学论的主张带给教育管理学理论最为积极的影响，就在于促使人们将教育管理当作科学来看待，提高了人们研究教育管理的积极性。

（三）教育管理主观论

教育管理主观论最早出现于20世纪60年代末70年代初，格林菲德是该理论最重要的代表人物。教育管理主观论以康德的唯心主义哲学思想、韦伯的管理理论为主要基础，否定教育管理科学论所坚持的假设——演绎的逻辑实证主义，否定教育管理科学论的社会科学与自然科学本质相同的观点。教育管理主观论者主张，人的意图、价值、习惯和信念是构成组织管理的重要要素；彻底摈弃教育管理科学论所主张的教育管理本身可以为科学所控制的狭隘观念，同时认为教育管理学不是为了更强有力的控制和操纵，而是赋予人们更深刻的洞察力；就教育管理世界的探索而言，文学艺术的认识方式较之科学的认识方式更为妥恰和有效；等等。

教育管理主观论的价值在于，反对将教育管理理论等同于自然科学的观点，让研究者更多地对非理性的情感因素与管理的关系进行相关研究。事实上，直到今天，仍然没有人能证明教育管理理论是等同于或遵循自然科学规律的。

（四）教育管理价值论

教育管理价值论同样是在对科学论的逻辑实证主义的批判中产生的。教育管理价值论大致出现于20世纪70年代末，加拿大维多利亚大学教授霍基金森是该理论最重要的代表人物。其主要观点是，管理世界主要是一个价值世界，事实与逻辑要素则从属于价值，是第二位的问题；管理理论的中心议题不是科学，而是与价值和道德相关的哲学问题；管理不只涉及实然层面，更关涉应然层面；任何决策都包含价值成分，任何决策者都是一种价值综合体的象征；等等。

教育管理价值论对于管理学发展具有重要价值。其实，管理或管理理论的研究是不是要遵从人们的价值和道德，最根本的问题不是管理理论在本质上是否应该从价值的角度去进行管理，而是人类思维和实践活动本身是不是从价值和道德出发，并进行相应的价值选择以后做出决定或抉择。

（五）教育管理批判论

教育管理批判论大致形成于 20 世纪 70 年代末 80 年代初，以澳大利亚批判理论家、教育管理学教授贝茨，以及美国印第安纳大学的教育领导学教授福斯特为代表人物。福斯特所著的《范式与承诺：教育管理学的新视角》一书是对教育管理批判论较为详细的总结与归纳之作。其主要观点是，教育管理学应是一门关注人间正义、道义、平等和公正的道德科学；教育管理学是由经验的、诠释的和批判的三个向度构成的整体；重视将教育管理问题置于宽广的文化和政治背景中加以分析；重视从隐喻的角度研究管理；重视学校组织管理活动的根本重建；等等。

教育管理批判论给我们最大的启示在于，教育管理理论应当以道德为出发点或基础，重视社会文化背景的影响，还要重视隐喻对管理理论及实践的支配和控制，学校管理活动根本重建的目的就是促进学生的发展。

（六）教育管理整合论

教育管理整合论最重要的倡导者是埃弗斯和拉科姆斯基。他们合作出版了三本书，这是教育管理整合论的奠基作和代表作，包括 1991 年的《认识教育管理：当代教育管理研究中的方法论论争》、1996 年的《探索教育管理：整合论之运用及批判论争》、2006 年的《从事教育管理：关于管理实践的理论》。其主要观点是，教育管理整合论的根本旨趣是建立一门新型的管理科学；要求发展一种有关教育管理的后实证科学；重视运用自然科学的成就来理解人的主观性；倡导管理理论与教育理论之间的统一，强调在管理理论与管理实践之间建立一种更富成效的关系，反对在管理理论与管理实践之间做简单的二元区分，呼吁从一元的、整体的观点审视它们的关系；等等。

教育管理整合论给我们的最大启示是，以前的教育管理理论都存在这样或那样显而易见的不足和问题，为了教育管理理论的发展及管理活动的需要，必须提出新的管理理论，即在人类已有的教育管理理论研究的基础上进行整合，这才是正确选择和出路所在。其实，我所讨论的文化管理理论就是这样一种整合或探索的结果。

另外，张新平、陈学军撰文对我国教育管理学的理论类型做了一个较为全面的总结。[①] 一是理论的教育管理学与实践的教育管理学。教育管理学其实包含实践与理论研究两个方面，且后者对前者有限制或促进作用。二是管理者的教育管理学与被管理者的教育管理学。前者是以领导者为核心的领导理论类型，后者是以被领导者为焦点的领导理论类型。三是管理学的教育管理学与教育学的教育管理学。前者表现为，在诸如此类的教育管理学论著与教材中大量存在着管理理论流派、管理职能、管理过程、管理原则、组织结构、组织决策、人力资源管理等具有管理学特征的内容；后者则表现为，相关的教育管理学研究将教育管理的目的定位在提高办学与管理的效率、效益上。四是西化的教育管理学与本土的教育管理学。本土的教育管理学可以具体化为从本国实践出发，吸收、改造、归纳西方教育管理理论与实践而成的教育管理学和基于本国的理论积累与实际情况，自主创造的教育管理学。五是回溯性的教育管理学与展望性的教育管理学。

他们的这些总结，从教育管理学的研究范式、管理与被管理的主客体关系、教育管理学的学科性质、产生的土壤或途径及研究的时空选择等五个方面进行了分析和研究，极具借鉴价值。

---

① 张新平，陈学军．试论我国教育管理学的理论类型［J］．教育学报，2011，7（1）：80－86.

第三节　现时学校管理面临的挑战

学校管理是学校管理者通过一定的机构和制度采用不定期的手段和措施，带领和引导师生，充分利用校内外的资源和条件，整体优化学校教育工作，有效实现学校工作目标的组织活动。然而，在学校管理的实践中，还存在着许多弊端。

一、学校管理的最大挑战：师生对学校生活意义的虚无

在学校中，有两种值得注意的倾向：一种是虚无主义，比如，教师中存在职业倦怠，学生被世俗的读书观所捆绑等；一种是权威主义，比如，向往权威又欺凌弱小，权威主义的最大受害者是学生，校领导对中层干部、教师、学生以权威主义者自居，中层干部加之于教师、学生，教师又加之于学生，如此一来，学生所受的压力最大。这样的现实，要求学校的管理者及其管理系统应该帮助教师和学生发现或唤回每个主体对自身生命及其生命历程的意义。

（一）师生精神的虚无

“虚无”一词是法国哲学家萨特的用语。萨特认为，人在对外界的意识活动中，具有将对象虚无化的特性，即当意识指向某物时，可将某物或周围背景虚无化，以突出事物的主要结构及关系。尼采曾说：“虚无主义意味着什么？——意味着最高价值自行贬值。没有目的，没有对目的的回答。”[①] 虚无在一定的场合还表现为对意义的重新设定或对普遍正确意义

① 尼采．权利意志——重估一切价值的尝试［M］．北京：商务印书馆，1996：280.

的置换。

虚无主义在社会层面普遍存在。我国著名思想史研究者、文化学者辛旗深刻反思20世纪人类文化发展中主导人类发展的文化观念，并撰写了一部文化学的经典之作《百年的沉思》。在该书中他对虚无主义的普遍存在几近悲观，他指出："遍及20世纪所有时段、所有地域、所有种族、所有文化、所有年龄层次、所有职业的人群之中，道德相对主义、虚无主义泛滥流行，难以遏制。"① 他在分析出现这种情况的原因时又说："这不是偶然发生的，其根本原因就在于'科技工商时代'里，单纯科技物质力量具有对人类精神价值普遍的销蚀和摧毁作用。"② 是的，在物质资料生产越来越发达的今天，拜金主义已经主导了人的精神世界。只有金钱是有用的，所有的得到与失去都用金钱来折算，这就是马克思所说的在资本主义商业社会里，一切都可以用商品价值尺度来度量。既然可度量，就可交换、可买卖。精神价值的销蚀是虚无主义的典型表现与反映。

虚无主义在师生中的表现也很明显。在中小学教师中，最为典型的表现就是职业倦怠。有学者做了一项关于教师发展的问卷，其结论表明我国教师对职业的认同感低，职业倦怠普遍存在。③ 教师职业倦怠的形成原因，可以从心理学、管理学等许多层面去讨论，若从哲学层面上讲就是教师对自身生命价值和意义的虚无主义。

在我所接触的教师中，有些教师的虚无主义表现让人吃惊。就在三年前的一天，一位数学骨干教师在学校组织对高一新生报到前进行的分班考试后，在办公室对其他教师讲必须让相关负责人请吃饭才肯阅卷，之后，他又自告奋勇地"代表大家"去找年级主任，并说："这么热的天，不吃饭怎么改卷？主任您必须安排。"这种逻辑真是荒谬，这既是对学校管理者最大的讽刺，也是教师对自身人格的一种侮辱。这一案例正是个别教师由精神上的"乞丐"不折不扣地蜕变回物质上的"乞丐"的真实写照。这

① 辛旗．百年的沉思——回顾二十世纪主导人类发展的文化观念［M］．北京：华艺出版社，2006：39．

② 同上。

③ 李继秀．教师发展与学校组织变革创新［J］．教育研究，2008（3）：80．

种现象告诉我，教师对工作的消极态度不是由于基本物质生活的匮乏——学校中超过百分之五十的教师有车有房——而是由于教师对自身工作和生命价值的消解和失落。

在学生中，虚无主义的倾向也明显存在。例如，学生对读书意义认识的虚无同样普通存在。即使是我们比较欣赏的那些“爱学习”的学生，亦如羊倌放羊一样无目的。有这样一个故事，一位记者问羊倌：好好放羊干吗？

羊倌：卖钱！

记者：卖的钱干吗？

羊倌：讨个好老婆。

记者：讨个好老婆干吗？

羊倌：生个好娃娃。

记者：生个好娃娃干吗？

羊倌：让他好好放羊。

记者：好好放羊干吗？

羊倌：讨个好老婆。

……

如果将故事中的羊倌换成学生，对话似乎也没有太大分别。若有人问学生：好好读书干吗？

生：找个好工作。

问：找个好工作干吗？

生：挣钱，找个好老婆。

问：找个好老婆干吗？

生：生个好娃娃。

问：生个好娃娃干吗？

生：好好读书。

……

看似荒谬，但这一个故事极有可能发生在学生的身上。他们对于读书的认识通常就是这么简单，这么直接。这就是典型的对生命的有逻辑而无意义的反映。

又如，有一部分孩子不爱读书，而是沉迷于网络游戏中，或是在网上查找垃圾信息，他们将非理性的情感加于理性之上，将对确定意义的追寻置于理性的边缘或干脆去理性化，这也是学生存在价值与意义虚无的表现。

（二）产生虚无主义的根源

学校管理中管理者及教师的权威主义人格是导致师生产生虚无主义的根源。

“权威”一词的拉丁文含有权力、尊严、力量和影响的意思，指最有威望、最有支配作用的力量。虚无主义通常是一定的主体自己放弃某些意义，而权威主义则是以一定的主体向另外的主体进行意义的外在强化或意义的强制的形态出现。

美国学者西奥多·阿多诺等人于 1950 年出版了《权威人格》一书，将具有权威人格的特征归纳为守旧、反智力、反内省、迷信、刻板印象、对权威的顺从和以权威自居并存等。①

传统的学校管理是指以经验管理和科学管理为主的管理。经验管理主要依靠权威实现，科学管理则以制度等外在方法形成权威，进而实现相应的管理。在中小学中均实行校长负责制，校长很容易以权威主义者自居去面对中层干部、教师、学生，这样就容易使师生对学校生活的意义出现虚无主义，形成权威主义人格；同样，中层干部对教师、学生也是这样；教师又将自己对权威的崇拜所产生的权威主义人格转嫁给学生，进一步导致学生虚无主义心理和权威主义人格的形成。

由于学校管理者和教师以权威自居的心理和人格倾向，因此在管理中常常出现决定草率导致决定偏颇，或对正确决定缺乏必要的解释和说明的

---

① 李小平，杨晟宇，李梦瑶．权威人格与权力感对道德思维方式的影响［J］．心理学报．2012，44（7）：965.

现象。学校管理者中的权威主义者所造成的恶果，轻者出现学校管理者与师生或教师与学生情绪对立，影响学校工作的效率；重者甚至会造成教师与学生个体乃至群体的反叛，其后果及社会影响会比较严重。

不过，权威的存在也有其管理学上的积极意义。我们必须承认，如果一个组织没有某一权威的统一领导与指挥，以及在此基础上一定程度的服从，就很难组织起来完成组织自身的使命。恩格斯指出："想消灭大工业中的权威，就等于想消灭工业本身。"[①] 在他看来，工业化大生产的组织不可能离开权威。相对于恩格斯当年所说的大工业，当代许许多多进行物质资料生产的企业或社会组织都是"大工业"。美国哲学家皮尔斯在研究确定信念的方法时也认同权威在帮助人们建立信念时具有积极意义。他认为权威的方法是确定信念的四种方法之一，并指出这种方法适用于大多数不能独自确定恰当的信念的人。但教育教学活动中的教师、管理活动中的干部必须高度重视权威的尺度，用得不充分，学校没有凝聚力，会造成效率低下；用得过度就会出现权威主义，导致被管理者很快出现虚无的精神状态，同样导致学校凝聚力下降，使效率下降。

（三）文化管理何以消除虚无主义和权威主义倾向

对于教师和学生存在的虚无主义和权威主义倾向，消除的办法就是进行意义的重构和意义的诠释，即实施文化管理。例如，我鼓励教师积极投身学校的"五环生本"高效课堂教学改革，说实话，教师们都有自己工作和生活的惯性，不愿意改革或是不全心投入改革的现象普遍存在，校长对此项改革意义的阐释就显得非常重要。我说道：我们不是为了吸引眼球、作秀而改革，更不是为了折腾老师们而改革，而是为了培养真正可持续发展的人，所以，我们要以"五环生本"高效课堂为抓手，在课前安排学生按照导学案自学——培养有自主学习能力的人；在课堂上以小组为单位开展学习、讨论——培养学生的合作意识；让学生在课堂上展示——培养学

① 马克思恩格斯选集 第三卷［M］．中共中央马克思恩格斯列宁斯大林著作编译局编译．北京：人民出版社，2012：276.

生表达自己思想和诉求的能力；让学生对别人的展示进行质疑——培养学生的批判精神和创新意识……老师们看看，这其中哪一条不是我们学生所需要的？哪一条不是身为教师的我们所必须奉行的义务和责任？类似的这种安排实际上就是意义构建的过程，是针对师生中存在的虚无主义和权威主义的一种提醒与防范。

二、学校管理的三种主要形态及其挑战

陈玉琨教授曾区分过学校发展的几个阶段。第一阶段是“人治”的阶段。在这一阶段，一个好校长就是一所好学校。第二个阶段是“法制”的阶段。在这一阶段，学校的发展主要依靠学校的规章制度，根据制度，校长不在学校也可以办好。第三阶段是“德治”的阶段。在这一阶段，它依靠文化的力量，需要通过不断提升师生员工的价值追求来提升学校的品位。[①] 他的这种划分非常符合学校管理的实际情况，因为上述三个阶段确实广泛存在于学校中。这与张德等人划分的经验管理、科学管理、文化管理三个阶段基本吻合。

在当今的学校管理中，存在着以下几种具体形态。

（一）经验管理仍然存在，弊端明显

学校的经验管理是指凭借管理者的经验和权力来进行管理的一种模式。管理既是一种文化现象，也是一种社会现象，应该说有了人类活动就有了相应的管理，至少是人类产生了语言以后，就必然有了生活和劳动中的帮助，有了分工与合作，因此就产生了支配与被支配，产生了具有管理意义的活动。这种管理没有管理意识但具有管理意义。这个阶段的管理是一种无意识的管理，是人类凭直觉进行的管理，可以称这一阶段为管理的史前阶段，也可称其为无管理阶段。管理学研究者一般将 18 世纪 70 年代至 1911 年泰勒的《科学管理原理》问世的阶段称为经验管理阶段。现在

---

① 陈玉琨．一流学校的建设——陈玉琨教育讲演录［M］．上海：华东师范大学出版社，2008：44．

谈经验管理更多的是指在管理科学尚未形成一套理论体系之前，人们基于经验与常识的管理或主要凭借总结经验和分析成功的管理案例为主要方法来进行的管理。

经验管理之所以在许多学校继续存在，最根本的原因就是实施经验管理的学校校长有很大的自主权或自由度。例如，一个学校需要引进新教师，如果在典型的实施经验管理的学校中，校长引进谁都是没有问题的。但是，如果学校设有面试、说课、上课、综合考核等相应的规范程序与考核组织，校长要想“照顾”一个人的可能性就非常小了。

经验管理具有如下特征：重视传统，重视与相信经验；管理的手段和方式具有行政化、强制性的特点，因此，有经验的人，很多时候是以威慑人，而不是以理服人；注重案例的反思与经验的积累，不重视理论研究与预设，缺乏或忽视科学性。

经验管理在现代学校管理中的弊端有以下几点。第一，经验管理是一种经验主义或机会主义倾向明显的管理方式，注定了它作为一种管理制度或管理方式的根本缺陷。随着时空的变化，同样的事物的变化与发展的方式或规律可能发生改变，经验的价值就可能不复存在。第二，经验管理从逻辑上讲是否定创新管理的，这就决定了它在今天瞬息万变的时代中必然被淘汰。第三，经验管理是以人治为显著特征的，因此，规范性、理性和系统性的缺失成为经验管理的致命弱点。第四，如果说教育有什么经验，因材施教就是最大的经验，但因材施教恰恰又是没有任何经验可以照搬的。

虽说实施经验管理是行不通的，但并不能否认经验在管理中的重要价值。我认为，对于传统经验能否很好地重视、获取和继承，是决定一位校长是否是合格的校长或合格的管理者的关键所在；而能否对传统经验进行突破与创新，则是决定一位校长能否成为杰出校长或杰出的管理者的关键所在。

（二）科学管理同样有很多人效仿，但弊大于利

企业的科学管理是发端于20世纪初的泰勒，经过法约尔、韦伯等人

的进一步研究而发展起来的管理理论，期间又经历了制度管理、目标管理、质量管理以及上述管理方式并存的管理形态。学校的科学管理是受企业科学管理的影响和启发而产生的。它克服了经验管理中只重视实践和实践经验、不重视理论及以“人治”为主的不足，但是，在学校中完全实施科学管理还是弊大于利。我将从科学管理及其理论的特征出发，分析在学校中完全实施科学管理的利弊。

第一，科学管理者相信管理是科学，认为所有的管理活动都必须遵循科学规律，因而出现过分相信科学、科学主义和管理主义的倾向。科学管理者相信管理活动中的一切过程和活动都是理性的，忽视了人作为管理中最核心的要素，与学校管理中的其他要素（如物力、财力、信息）的不同。正如康万栋教授所言，学校的科学管理模式导致了学校管理中的“物本主义”“事本主义”“管理主义”的倾向。可以说，否认或无视人的主观能动性是科学管理在学校有效实施最为根本的障碍。

第二，科学管理立论的人性假设是“经济人”假设。“经济人”假设认为，人天生是懒惰的，没有责任心，甚至不愿意工作（学习），只为了自己的经济利益而劳动。人类的本性究竟是懒惰的还是勤劳的，人类劳动的动机究竟是为了获取经济利益还是其他目的，都难以说清，此处不做讨论。但是，人类学习的动机有赖于人类对未知的好奇心，正是这种好奇心促使人类中的绝大多数愿意学习，而不是“经济人”假设中所说的“没有责任心，甚至不愿意工作（学习）”。

后来，尽管科学管理经过人称“人际关系之父”的罗伯特·欧文的改造，不再把人当作“经济人”，而是以“社会人”来看待，并提出改善工作条件、制定童工法、缩短工作时间等管理方法，但教师和学生是“社会人”中进行着非常纯粹的活动的相对纯粹的人，这种假设与“学校人”的实际状况相矛盾。所以，单纯依靠科学管理进行学校管理难以为继，最为重要的原因就是科学管理的人性假设与学校中的师生，尤其是学生客观的人性本质和表现不符。

第三，科学管理坚持标准化，重视目标、质量标准及控制。赵中建教授是将质量、标准引入学校管理并进行相关理论研究的代表人物之一，他在《学校管理体系与 ISO9000 标准》一书中力推在学校的实施 ISO9000 标准。陈玉琨教授则是反对将 ISO9000 标准引入学校尤其是中小学的代表人物之一。他指出，中小学引进 ISO9000 标准主要存在下列问题：(1) 标准化与多样化。标准化是 ISO 作为一个组织的核心概念，它是通过促进标准化及其相关活动来达到商品和服务的国际交换以及各个领域的合作；而教育是促进人的自由而全面发展的社会活动，个性与多样性是教育活动的生命所在。二者在管理学意义上追求的目标不同。(2) 用户至上与学生发展为本。中小学教育的“用户”是学生、学生家长还是社会用人部门或政府？因为家长是学生学习费用的实际支付者，因此，家长的需要，尤其是家长对子女升学的需要就成了学校为之努力的最高目标。(3) 承诺与持续发展。ISO9000 标准是以生产商对客户做出关于产品质量的承诺为基本方式的，然而在中小学，学校除了“承诺坚决贯彻国家的教育方针”“全面实施素质教育”“不断提高教育质量”以外，还有什么承诺？(4) 文本与人本。在 ISO9000 的质量保证模式中，文本是一种重要的管理手段。但文本不能代替人本，注重人的感情和潜力，发挥每一个人的积极性、主动性与创造性是现代教育取得成功的基础。一些试图推行 ISO9000 标准的学校，那些填不完的报表反倒束缚了人的手脚，使人忘记了对人的关心。①

我认为，科学管理在学校中的实施出现困难，除了上述原因外，还有以下原因：(1) 学校管理要制订相应目标或标准是困难的，与之相比进行相应的目标考核比目标或标准制订更加困难，如道德教育、审美教育、情感培养等。我曾经做过一个“高中化学学生探究能力评价”的研究课题，研究中，基于美国普林斯顿《创造力测试量表》编制了一个学生《探究能力评价基本素质测量维度问卷》。问卷中有这样一道题：“一旦任务在肩，即使受到挫折，我也坚决完成。”经过测试，95%的学生都选择“同意”。

---

① 陈玉琨．一流学校的建设——陈玉琨教育讲演录［M］．上海：华东师范大学出版社，2008：172—175.

然而，这一比例与学生探究能力的实际不符。[①] 可以看出，学生是用教师和家长灌输的情感、态度、价值观来回答该问题的，而不是学生真实的情感、态度、价值观的反映。正是这种状况，导致学校教育标准及教育评价标准的制订出现巨大的困难，进而导致科学管理在学校实施困难。（2）如果未能实现管理目标，其责任难以认定。在我看来，若学校的工作不能达到既定的目标，作为学校最高管理者的校长都应该且必须负主要责任，即便由于教师与学生的慵懒造成了目标未能达成，责任也主要在校长或管理层。因为学校管理者应负的最大责任就是调动教师与学生的积极性。（3）对于学校管理的许多目标，师生如果可以通过造假轻松过关，那么其危害比没有目标更可怕。（4）强调规范性，强调统一，强调对制度执行的刚性。科学管理者在管理过程中放弃和否认人的复杂性，过于强调制度执行的刚性，忽视具体情况的差异，尤其是管理过程中人的差异。这种情况在学校的管理实践中，尤其是在教师对学生的管理过程中常常发生，如果不加以重视，可能会造成较为严重的后果。某初中一位“负责任”的班主任的故事，就值得信奉标准化、统一、刚性的科学管理者深思。

在一所初中，有一位非常负责任、非常优秀的班主任。在她所带的班中有几个学生有点贪玩，经常去网吧。班上恰恰有一位非常正直、很负责任的班长，当他知道这些学生上网吧以后就告诉了班主任。于是，班主任和学生一起制订了相应规章，其中有一条就是“如果谁去了网吧，就把家长请来说清楚”。

星期五放学以后，班长在几个经常去网吧的同学的劝说和好奇心的驱使下去了网吧，待了一个小时。但是他没有玩游戏，只是看同学玩，然后就离开了。星期一到学校以后，有学生向班主任反映了这个情况，班长和其他去网吧的学生便被叫到了办公室。站在办公室里，这位班长瑟瑟发抖，不断向班主任道歉，并且保证再不去网吧。

然而这位负责任的班主任不依不饶地说：“那你先站着，我去上课了，

---

① 付全新．高中化学学生探究能力评价之初探［J］．课程·教材·教法，2008，28（9）：63.

下了课把你的家长请来，我们一起来解决。”

班长的内心充满了绝望，他害怕父母的责怪与打骂。等到班主任离开后，他便从窗户跳了下去。办公室在四楼，幸好楼下有一棵树，班长被树枝挡了一下，只受了轻伤。

本来这位班主任依据制度进行管理是一种不错的方法，这也是许多班主任常用的方法。然而，这种方法由于不重视人，在这一案例中给学生造成了巨大的伤害。

显然，在学校实施以刚性的制度为基础的科学管理是行不通的，对稚嫩的、承受能力有限的学生更要慎重。

（三）概念缺失和理论构建不足的文化管理探索

北京市十一学校校长李希贵是当代中学校长的典型代表，在中国基础教育界有着非常大的影响和很高的声誉。

李希贵校长曾出版过关于自己办学思想与管理方法的专著《为了自由呼吸的教育》，书中介绍的是他从参加工作到任高密四中校长，再到任高密一中校长期间的工作、生活、管理等方面的情况。书中单独讨论学校管理的内容在“管理，组织才华与塑造才华”部分中，共讨论了六个问题：让智慧在哪里集合、把积极性引向何方、寻找工作量与“实效工时制”、开发课程与开发自己、建设校外导师团、用好“制约”这把双刃剑。另外，《人民教育》杂志还从 2011 年第 9 期开始连载《李希贵学校管理沉思录》，共刊载 14 期，内容大约有 7 万字。这是他学校管理思想的结晶和梳理。

从《为了自由呼吸的教育》到《李希贵学校管理沉思录》，有这样三个显著的特点：一是非常重视人与尊重人（包括教师、学生）；二是校长淡化使用权力，注重协调与沟通；三是重视学生全面自由的发展。

但是，李希贵校长依靠文化管理的方式治校，而未明确使用文化管理的概念，这种缺失令其他校长在效仿时会出现较大的困难，“名不正则言不顺，言不顺则行不顺”；加之他有着较为深厚的教育理论功力，但他在介绍管理经验或操作时，用理论解释其经验或操作较少，也易让仰慕者和模仿者容易限于琐碎，或陷入盲然。

第四节 文化管理——学校管理追求的新境界

学校管理应采取什么方式？通过理论研究和实践研究，我认为在众多管理理论和管理学派中只有文化管理最适合学校。

一、学校管理学的学科属性与研究范式

（一）学校管理学的学科属性

对学校管理学的学科属性的认识，是学校管理理论的基础。关于学校管理学属于什么学科，相关学者共提出四种不同的认识。第一，属于教育学科，是教育学的分支之一。理由是，实施学校管理的目的是提高学校办学质量和办学效率，学校管理所研究的主要对象是教育现象，学校管理必须遵循教育规律。第二，属于管理学科，是管理学的分支之一。学校管理以研究管理为己任，只不过是限定在学校这个特定的空间中，学校管理必须遵循管理规律。第三，属于综合学科，是一门独具个性的双栖于教育学和管理学理论之上的交叉型综合学科。第四，属于社会科学。张新平撰文认为教育管理学属于社会科学，他提出，教育管理学的学科发展史和社会对教育管理学的现实需要，决定了应将教育管理学划归为社会科学。① 这种说法不无道理。杨天平则认为，教育管理学的性质是多面的、丰富的，既有科学的基本性质，又有作为人文社会科学下属学科的人文社会性及作为教育科学与管理科学下属学科的交叉性、应用性等，它们集中地体现于教育管理学中，并已内化为其独特的学术品性。② 学校管理属于教育管理

① 张新平．论教育管理学的社会科学属性［J］．南京师大学报（社会科学版），2007（1）：60.
② 杨天平．论教育管理学的性质［J］．教育研究，2005（1）：21.

理论的核心范畴，前述部分学者所讨论的教育管理学科性质的结论同样适用于学校管理。我认为，学校管理学是双栖于教育学理论和管理学理论之上的一种理论，所以，它既要遵循教育规律也要遵循管理规律。同时，学校管理学又具有显著的人文社会性，尤其是学校管理者在协调与社会的关系时，必须服从社会规则，其人文社会属性也体现得非常充分。

（二）学校管理学的研究范式

对学校管理研究范式的回答可以帮助研究者指明研究的思路和方向。张伟坤、黄崴认为，我国教育管理理论的研究范式包括以下三个方面：第一，从哲学思辨到实践转向。纯思辨的研究方式正在逐年减少，而与实践相结合的综合研究方式正在逐年增多，且理论与实践已从松散结合逐渐走向紧密结合。第二，从学科主义到以问题为中心。如有学者主张以问题为中心构建教育管理学科，并根据教育管理问题的性质把教育管理研究的问题分为事实问题与价值问题、经验问题与概念问题、常规问题与革命问题。第三，从经验描述到对规律的探寻，兼顾价值、个性及批判反思。

我认为，学校管理本身是一种实践活动，其研究必须由思辨转向实践，即如沙培宁所说："教育管理学人应努力'读懂'基层所需，提升思维层次，实现实践转向。"[①] 问题是学校管理研究的中心，学科是问题解决的积淀与生发；学校管理必须从经验描述走向对规律的探寻，提炼学校管理的一般规律是学校管理研究的重要任务；没有两所学校是相同的，学校管理的个性化是必然的，要重视反思、批判，只有这样才能实现学校管理及其理论的创新与突破。

二、文化管理——关于学校管理中系列问题的答案

学校管理中确实存在着一些管理者绕不过去的、需要深入研究的问题。

---

① 沙培宁．教育管理学人的实践转向——一个"媒体人"的视角［J］．复旦教育论坛，2010，8（2）：31.

（一）影响学校发展的绝对问题与相对问题

学校在管理和发展的过程中，会遇到很多的问题，那么本质或绝对的问题是什么，非本质或相对的问题又是什么呢？我认为，本质或绝对的问题就是学校文化问题，非本质或相对的问题就是师资队伍、生源质量、办学经费等问题。诚如吴福平在《文化管理的文化缺失》一文中所言："无论是从社会学功能主义抑或是从人类学符号主义路径观察，包括社会管理活动在内的人类一切活动，无不是在创造文明，也因此无不是文化活动。从这个意义上说，一切社会问题以及管理中所面临和出现的所有问题，本质上就是文化问题；一切管理，也就是文化管理。"① 学校管理所面临的问题本质上就是文化问题，所以，要解决学校发展与管理中的一切问题，必须从文化入手，即从文化的观察与分析、提炼与发掘、改革与创造入手，这必然需要学校实施文化管理。

（二）实施管理的过程是管理行为还是文化行为

在学校内实施相应的管理，其过程就是人们常说的管理行为。这种管理行为的本质其实是文化行为。吴福平认为，如果人类组织本身就是一种文化现象，是一个文化实体，那么，组织管理的任何行为，本质上就不得不是一种文化行为，即文化管理行为。② 全校师生在学校期间的一切活动，包括学校管理在内，都是文化现象。因此，管理行为的本质就是文化行为，学校管理的本质或最佳方式就是文化管理。

（三）学校中的师生是文化产品还是文化产品的生产者

学校是人类文化传承的专门组织或机构，那么作为学校主体的师生，是文化产品还是文化产品的生产者？一般认为，学生是通过学校及教师"加工"出来的具有相应学校特定文化烙印的人，即学生是文化产品。这是绝对错误的结论。因为，学生同样是乃至真正是学校文化的生产者，一

① 吴福平．文化管理的文化缺失［J］．思想战线，2011，37（6）：99.

② 吴福平．文化管理的文化缺失［J］．思想战线，2011，37（6）：101.

拨又一拨的学生来来去去，创造了学校丰富而灿烂的文化。反之，教师也不仅仅是学校中文化产品的生产者，他们同样是学校的文化产品，是学校尤其是学生发展了教师，为教师的进步和成长提供了条件。文化把人自身作为一个文化产品来生产，并通过人把人类世界当作文化产品来生产。这正是师生在学校既是文化产品又是生产者的这种主客体关系的最深刻的描述。正是学校中师生的这种对于文化的双重关系决定了学校必须实施文化管理。

（四）学校管理究竟需要"有为"还是"无为"

"有为"的学校管理，就是以主动的"管"为基础，以对相应部属不断提出一定的管理要求为线索，以非常具体的时间、空间、人员进行任务的布置，并调动各种与一定任务相关的资源，不断地进行带有"管"的性质的驱动而进行的管理活动；"无为"是以主动的"理"为基础，不断地理顺师生的思想、态度、价值观，重视师生之间、师生与学校文化之间、学校文化各个要素之间的和谐，让学校对师生工作、学习的期望自然地渗透于师生所应完成任务的方方面面，以达到"我无为，而民自化"的至高境界。实际上，这种"无为"的境界就是一种文化的培养和养成，也就是我们所说的文化管理。

（五）管理是遵从理性的逻辑还是情感的逻辑

人是有理性的动物，所以，从思维方式上讲，人具有推演的能力；从社会生活来看，人讲伦理与道德；从与自然的关系来看，人尊重自然，又改造自然。因此，管理的过程中也应该强调理性的逻辑。然而，人又具有严重的非理性倾向，人具有直觉、个人偏好、意志力以及超越理性推演之上的灵感等。据此，学校管理中对师生进行的管理，既要重视理性的逻辑，讲规矩，重法度，又要重视情感的逻辑，讲情感，重特例。要兼顾人类文化中或人性中的上述属性而进行的管理肯定不是经验管理——经验管理更多地满足于人类非理性的一面，也不是科学管理——科学管理更多地满足于人类理性的一面，而应该是与人类自身的文化逻辑相符的、能实现理性与非理性融合的文化管理。

（六）文化与管理有无必然的逻辑联系

同一管理要求或规定在不同学校中的执行情况常常有着很大的差异，究其本质是文化的差异，这说明文化与管理具有一定的逻辑联系。其实，文化具有引导、规范、约束、激励人的功能，也就意味着，它具有实然的管理功能。这使得文化管理作为一个管理学概念存在其内在的逻辑合理性或正确性，也使得文化管理作为一种管理方式成为可能。丁钢指出，文化是支配的源头，具有管理的工具性价值，能够自发地左右或自觉地引导人的各种生存方式。[①] 文化对人的行为的规定性和引导性注定了文化具有潜在的管理功能，因而，文化和管理均具有控制一定主体行为甚至是思维的内在逻辑一致性，从而使文化管理作为一种管理方式成为可能。

（七）学校是否适合实施文化管理

学校是否适合实施文化管理，其大前提就是学校是一种文化的存在，并且，始终是以文化为中心进行着相应的实践活动。因此，对学校施之于文化管理，就是以学校本体的存在方式为方式进行本体的管理。有学者详细剖析了实施文化管理的小前提或具体前提，张德、吴剑平认为，具备下列四个方面条件的组织才能实施文化管理，即组织成员的基本生活得到较好满足、组织以知识生产为主体或组织成员以脑力劳动为主、组织管理基本实现了科学化、组织成员的主体地位明确。[②] 可以清楚地看到，几乎所有的学校都基本符合这四个条件，因而可以得出结论：几乎所有学校都可以实施文化管理。

---

① 丁钢．文化管理的自觉诉求与理论构建［J］．江海学刊，2009（6）：94.

② 张德，吴剑平．文化管理——对科学管理的超越［M］．北京：清华大学出版社，2008：273－275.

三、文化管理——基于学校管理实践的选择

纪律是维系学校存在的基本纽带，因此使得学校更加有纪律性是学校管理的目标之一。而学校纪律性的强弱，主要是看全体教职工纪律意识的强弱。如果教职工没有内在的、强烈的纪律意识，一切外在的要求和守纪律的表象都不会使学校更加有纪律和有秩序。

如何使学校教职工更有纪律意识？不同的学校所采取的办法是不一样的，同样的学校中不同的管理者所采取的办法也是不一样的。我认为，依靠一定的制度引领师生实现对纪律意义的内在自觉，比依靠一定制度的刚性执行的管理效果要好得多。我们来看看，宜昌市B中和葛中及市一中对教师迟到和早退问题的具体做法，从比较中可以看出以师生的文化或意义自觉为核心的管理即文化管理更加行之有效。

B中：新任校长到任半个月后，为了从根本上改变学校教职工迟到和早退的问题，新校长早上上班和晚上下班时亲自“抓考勤”。这种管理方式立竿见影，两天下来，迟到者和早退者几乎“绝迹”，教师作风大为转变。然而，这只是表象，学校教职工为了不迟到，一到学校就先赶到办公室坐一会儿，等校长查完，再去吃早餐，一去就将近一个小时；为了不被记为早退，办公室几个人在临下班前的“个把小时”把门反锁，在一起玩几把“斗地主”。这种刚性管理只能使管理者与被管理者人心相背，绝对不是一种成功的管理方式。

葛中及市一中：我在两所学校修订考勤条例时，均提出必须设置临时假，说通俗一点就是“打一声招呼”，如打电话，发短信、微信等方式告知相应的部门负责人即被称为临时假。若教职工因病、因事不能按时上下班，只要向相应的部门主任或负责人请临时假，即被确认为属于正常出勤。这种临时假的设置能强化教职工的纪律意识，即让教职工意识到此刻的“我”应该在什么位置出现和工作，建立纪律或文化自觉是我们设置临时假的初衷和最重要的价值追求。此后，在葛中和市一中没有了“迟到”

“早退”这两个概念，只有相应的“临时假”。这种纪律意识才是使学校更有纪律性的基础和保证。

这是我在管理过程中实施文化管理比较典型的一例，其本质就是让每个教职工在自己内心建立起一种相应的意义自觉，也是对按时上下班的一种文化自觉。实施促进意义自觉的管理，即文化管理才是一种长效的、可持续的管理。

第二章

学校文化管理的基础理论

在学校中要实施文化管理，必须先弄懂一系列基础理论，包括文化管理的内涵、特征、层次理论、基本原理等。只有通过对这几方面的深入理解，才能对学校实施文化管理起到积极的指导作用。

第一节　学校文化管理的基本内涵

要研究学校文化管理的基本内涵，其前置的问题就是必须先回答什么是文化，否则，必然会出现两个层面的问题：一方面，对文化概念缺乏界说，使得对文化管理的定义和内涵必然难以界定；另一方面，一旦回避"文化是什么"的界说，在具体的文化管理工作和实践中必然难以做出实质性贡献。[①] 有鉴于此，我们必须先进行文化概念的界定。

一、文化的基本概念

何为文化，其定义和给出定义者不计其数。为什么文化的定义如此众多，西方学者罗威勒有一个答案："我被托付一项困难的工作，就是谈文化。但是，在这个世界上，没有别的东西比文化更难捉摸。我们不能分析它，因为它的成分无穷无尽；我们不能叙述它，因为它没有固定形状。我们想用文字来规范它的意义，这正像要把空气抓在手里似的，当我们去寻找文化时，除了不在我们手里以外，它无所不在。"[②]

其实，文化的概念难于界定，或者说其概念很难为人们所理解，并不能说明它的虚无，更不说明它不存在。这正应了老子所言："道可道，非常道；名可名，非常名。"意思是，大道，可以说出来的就不是永恒的大道；相名，可以命名的就不是永恒的名。可能正是因为难以准确又清晰地说出什么是文化，所以，人们才重视它，并不断地研究它。

---

① 吴福平．文化管理的文化缺失［J］．思想战线，2011，37（6）：99.
② 转引自：殷海光．中国文化的展望［M］．北京：商务印书馆，2011：25.

（一）文化概念简述

1. 国内各种辞典近乎一致的解释

上海辞书出版社编纂的《哲学大辞典》对文化的概念持广狭两义的解释。广义的文化是指人类在社会实践过程中所获得的物质的、精神的生产能力和创造的物质财富与精神财富的总和；狭义的文化是指精神生产能力和精神产品，包括一切社会意识形态。这是目前可见的国内辞书中比较经典的解释。

罗森塔尔和尤金在《简明哲学辞典》中关于文化的定义也持上述的广义之说，他们从物质和意识的关系出发，对文化的定义进行了相应的唯物主义文化观的解释："马克思列宁主义第一次科学地解决了关于文化、关于文化的社会历史的内容，肯定了人们的精神活动是以社会物质生活条件、以社会制度和国家制度的性质为转移的。唯心主义者认为，文化发展的基础不是物质生产，而是一些天才人物的意识、精神、活动等。"①

2. 国内有代表性的文化定义

梁漱溟著有《中国文化要义》《中国文化的命运》和《东西方文化及其哲学》三本书来论文化。他在三本书中对文化概念有两种表述。一种表述："文化并非别的，乃是人类生活的样法。"② 另一种表述："文化就是吾人生活所依靠之一切。"③ 上述两种表述的本质意义是一致的：一是人本主义思想浓厚，他的定义都是以人为中心的；二是实践指向明确，他强调人的一切活动或实践都是文化；三是他持广义的文化概念。

另外，钱穆、庞朴、朱谦之、任继愈、司马云杰等著名文化学学者也对文化下了定义，都与上述辞典的定义大致相仿。

3. 国外有代表性的文化定义

美国人类学家克利福德·格尔茨创立于20世纪70年代的解释人类学

---

① 罗森塔尔，尤金．简明哲学辞典［M］．北京：生活·读书·新知三联书店出版，1973：54.

② 梁漱溟．东西方文化及其哲学［M］．北京：商务印书馆，2010：60.

③ 梁漱溟．中国文化的命运［M］．北京：中信出版社，2010：7；梁漱溟．中国文化要义［M］．上海：上海人民出版社，2011：156.

极力推崇与主张对文化做深度的描述或诠释，即他所谓的“深描”。格尔兹选择的是马克斯·韦伯[①]的基本思路。他在《文化的解释》一书中说：“马克斯·韦伯提出，人是悬在由他自己所编织的意义之网中的动物，我本人也持相同的观点。于是，我以为所谓文化就是这样一些由人自己编织的意义之网，因此，对文化的分析不是一种寻求规律的实验科学，而是一种探究意义的解释科学。”[②] 他还说：“文化不是一种引致社会事件、行为、制度或过程的力量；它是一种风俗的情景，在其中社会事件、行为、制度或过程得到可被人理解的——也就是说，深的——描述。”[③] 他又说：“对于任何事物——一首诗、一个人、一部历史、一项仪式、一种制度、一个社会——一种好的解释总会把我们带入它所解释的事物的本质深处。”[④] 由于人们常赋予一首诗、一个人、一件事以特殊的社会意义，多数情况下人们的解释都是多重的或多元的，只有把这些多重与多元的解释全部集中起来，才有可能走向需解释对象的本质。然而，即便是对一首诗的解释，纵然最权威的解释者也有可能犯错，更何况是复杂的文化呢？

所以，我认为，人们对一首诗、一个人、一件事、一种文化现象的解释，几乎都很难找到真正的“边际”。说这句话，当然不是奉劝大家将这种对意义的追问与解释的过程“虚化”掉，我只是想说明解释对象的复杂性和丰富性，特别值得我们每一个研究者注意。

英国文化学家雷蒙德·威廉斯在《文化与社会》一书中指出，在英语语系里“文化”一词的含义是一个逐渐丰富的过程。他认为，文化最初基本上是指“培养自然的成长”，此后类推为指人类训练的过程。后面这种用法，在18世纪到19世纪初期却变成自成一义的“文化”，通常是指某

① 马克斯·韦伯（1864—1920年），德国的政治经济学家和社会学家，他被公认是现代社会学和公共行政学最重要的创始人之一。

② 克利福德·格尔兹．文化的解释［M］．纳日碧力戈等译，王铭铭校．上海：上海人民出版社，1999：5.

③ 克利福德·格尔兹．文化的解释［M］．纳日碧力戈等译，王铭铭校．上海：上海人民出版社，1999：16.

④ 克利福德·格尔兹．文化的解释［M］．纳日碧力戈等译，王铭铭校．上海：上海人民出版社，1999：20.

种事物的文化，这时它的第一个意思是“心灵的普遍状态或习惯”，与人类追求完美的思想观念有密切关系。第二个意思是“整个社会里知识发展的普遍状态”。第三个意思是“各种艺术的普遍状态”。其后，又有第四个意思“文化是一种物质、知识与精神构成的整个生活方式”①。此外，英国文化批评家特瑞·伊格尔顿给文化下的定义为，文化可以松散地概括为构成特殊群体生活方式的价值观、习惯、信念和惯例的联合体。②

（二）对已有文化定义方式的梳理

对已有文化定义方式最好的梳理方法是分类法。所以，殷海光在《中国文化的展望》一书中，对文化的概念按照定义方式分六组进行了相应的梳理，具体包括记述的定义、历史的定义、规范性的定义、心理的定义、结构的定义、发生的定义。

按照定义所规定的范畴，我将文化的定义方式分为三种，即现象说、意义说（或价值说）及综合说（或现象意义说）。

第一种定义方式为现象说。这类定义在规定文化的范畴时，一般是通过对一些文化现象的罗列或描述概而论之。就其定义方法而言，实质上就是一种现象枚举法。如科塔克认为：“文化就是传统和习俗，通过学习得到传播和传承。”③ 人在社会生活中，保持一定的传统和习俗，这些传统和习俗都是文化，并且，人们在传播与传承的过程中，忽略意义的追问，只是照此去做，这就是文化。

第二种定义方式为意义说。在规定文化的范畴时，这种定义方式一般倾向于精神的内涵，即从一定的精神生活出发，从对人精神属性的满足或一定意义的满足来定义。如前述狭义的文化概念：“狭义的文化是指精神生产能力和精神产品。”

---

① 雷蒙德·威廉斯．文化与社会［M］．吴松江，张文定译．北京：北京大学出版社，1991：19—20.

② 特瑞·伊格尔顿．文化的观念［M］．方杰译．南京：南京大学出版社，2006：28—29.

③ 康拉德·菲利普·科塔克．简明文化人类学：人类之镜（第五版）［M］．熊茜超，陈诗译．上海：上海社会科学院出版社，2011：3.

第三种定义方式为综合说。这类定义在规定文化的范畴时，一般既有关于一定文化现象的罗列，又有关于人类社会生活意义内容的叙述。利用这种定义方法进行定义的学者和文献最多。最典型的如《不列颠百科全书》中的文化定义："人类知识、信仰和行为的整体。在这一定义上，文化包括语言、思想、信仰、风俗习惯、禁忌、法规、制度、工具、技术、艺术品、礼仪、仪式及其他有关成分。"① 该定义中的"信仰"就是典型的关于人类社会生活意义的内容叙述，一定社会中人们的"礼仪、仪式"则是偏向于现象的描述。而"知识"就不一样了，关于自然科学的知识可能更多的属于现象说的内涵，关于信仰、民主、自由的知识可能更多的属于意义说的内涵。

（三）文化的类型及其关系

1. 文化的三种类型

基于上述对文化的定义及其定义方法的分类研究，我们从相应的文化所承载的内容是否直观与是否需要领悟、理解几方面可以将文化分为三类，即表象型（或现象型）文化、意义型（或价值型）文化与综合型（或意义现象型）文化。

表象型文化就是具有明显的直观外在表现形式的一类文化，如仪式、节日、器物、民族服饰等。

意义型文化就是刻画和规定人们思维及行为意义的文化，如信仰、理念等。这类文化的最大特点就是对人的思维和行为具有内在的规定性。例如，某些宗教的教徒，为他们所信仰的教义会不惜放弃自己的生命而做出极端的事情。他们所信仰的教义就是典型的意义型文化。

综合型文化是通过一定的表象和符号直接承载人们思维和行为意义的文化，如语言、艺术（包括诗歌、小说、舞蹈、音乐、绘画等）、英雄人物（如英雄人物的雕像）等。语言与艺术是最典型的综合型文化，我们以

---

① 美国不列颠百科全书公司．不列颠百科全书（国际中文版 修订版）第五卷［M］．北京：中国大百科全书出版社，2007：56.

语言为例来说明和理解这类文化。语言的内容在不同民族和不同人群之间进行传递时，其表意是有显著差异的，但只要大家能够相互理解，就形成了这个民族或一定人群特定的文化。但是，不具备相应文化背景的人就不一定能理解，甚至会产生误解。

2. 三类文化的关系

第一，并不存在绝对的表象型文化和意义型文化，只是某种文化或文化形态偏向“意义”多一点，另一种文化或文化形态偏向“现象”多一点。也就是说，就其文化存在的形态而言，几乎所有的文化基本上都属于意义现象型，这大概就是绝大多数学者在给文化下定义时将表象和意义混杂在一起的原因。例如，“阿訇”头上的白色帽子就是一种表象型文化了，当然，还可以说，这种帽子承载和反映的是穆斯林的信仰，是一种意义型文化的表象。

第二，如果说表象型文化在本质上是一定文化的表象，那么可以说一切文化，即表象型文化和意义型文化都有表象。例如，荷兰心理学家吉尔特·霍夫斯泰德和格特·扬·霍夫斯泰德父子二人认为，四个词在一起可以简洁明了地涵盖文化的总体概念：符号、英雄、仪式和价值观。[①] 我们分析一下霍夫斯泰德父子的这一文化定义。无疑，英雄、仪式都是一种表象型文化，肯定有表象形式。以一个民族而言，英雄人物的雕像或介绍英雄人物的书籍就是这个民族的英雄文化，节日庆典就是仪式文化。然而，价值观则应该属于意义型文化，但它也有表现形式或表象形式。英雄这种表象型文化本身也是价值观文化，即意义型文化的表现形式之一。之所以塑英雄的雕像，就是因为人们为英雄舍生忘死的精神所折服，期望英雄精神成为民族精神，这是意义型文化。郁达夫的一句话真正说透了作为英雄雕像的表象型文化和作为价值观的意义型文化之间的关系：“没有伟大的人物出现的民族，是世界上最可怜的生物之群；有了伟大的人物，而不知拥护，爱戴，崇仰的国家，是没有希望的奴隶之邦。”

---

① 吉尔特·霍夫斯泰德，格特·扬·霍夫斯泰德．文化与组织：心理软件的力量（第二版）[M]．李原，孙健敏译．北京：中国人民大学出版社，2010：6.

第三，意义是文化的内核，一切的文化（包括所有的文化现象）都有意义，至少在构建之初是缘于一定意义的，或是建立在一定的意义基础之上的。例如，毕达哥拉斯教派有这样一些规矩或戒律："禁食豆子；东西落下了，不要捡起来；不要去碰白公鸡……"为何制订"禁食豆子"的戒律，今天的人们有一些猜测，比如，有一种猜测："可能是因为地中海地区有很多人遗传有G-6-PD缺乏症（遗传性红细胞六磷酸葡萄糖脱氢酶），即蚕豆病，该病患者进食蚕豆后，会发生严重的溶血性贫血，所以毕达哥拉斯教派的禁令有可能是为了保护教徒的生命安全。"这种教规文化可能缘自人们的经验，其意义在于对人们生命的保护，所以，可以成为一种文化现象而被传播。

第四，无论是表象型文化还是意义型文化，在构建之初一定是基于一定的意义而逐渐形成和发展起来的。对文化的认识和理解，美国文化学家克鲁伯和克拉克洪在《文化：概念和定义的批判性回顾》中说得再明白不过了："文化的基本核心是历史上经过选择的价值体系。"我亦非常认同他们的观点。文化的核心是历史上经过选择的价值系统，即意义系统，尤其是在形成之初。一定文化现象的意义本身就是文化，是比现象更深层次的文化，不追问意义型文化的意义时，更多的文化都变成或被当作表象型文化而传播或发扬。例如，理念就是一种典型的意义型文化，因为理念肯定是要基于一定意义的，但一旦理念成为一种文化或作为文化的理念流传开来，人们就不再追问意义，这时候就只是一种现象了。

第五，某种文化现象衰落乃至消失，都是意义衰减与消失的结果；同理，某种曾经消失的文化复活，乃是人们赋予其新的意义的结果。这与罗素在《西方哲学史》中论哲学发展的关系很类似："哲学理论，如果它们是重要的，通常总可以在其原来的叙述形式被驳斥之后又以新的形式复活。反驳很少能是最后不易的；在大多数情况下，它们只是更进一步精炼化的一幕序曲而已。"文化也属于哲学的范畴，把这句话套在文化或文化现象上，同样适用："文化或文化现象，如果它们是重要的，通常总可以在其原来的表现形式消失之后又以新的形式复活。再生或复活很少能是最后不易的；在大多数情况下，它们只是更进一步精炼化的一幕序曲而已。”[①] 文化现象的更替是伴随着意义而不断变化、消失与复活的。

（四）文化概念之我见

1. 文化的概念

我认为，所谓文化是指在一定的社会背景下，人类将自身的实践（或存在）和认识（或思维）赋予一定意义的集合及其进行传递的全过程。

2. 对文化概念的理解

这个概念可以从以下四个方面进行理解。

首先，任何文化都不能离开一定的社会背景而存在和繁衍。这一理解包含两层意思：一是在一定社会历史背景下所产生的文化，会随着时空的流转或社会历史背景的变化而繁荣或消亡、发展或停滞；二是一定的社会历史背景本身就是文化，文化不能离开社会背景而存在，即不存在无社会历史背景映衬的文化，或者说不存在无社会历史条件观照下的文化。

其次，一切的思维和存在都有意义蕴含其中，即都有文化蕴含其中。一是一定的思维一定蕴含着相应的意义。每个人总是按照一定的“路径”（这种“路径”可以认为就是人们常说的价值观、世界观、人生观）进行思维，这本身就是一种意义选择或文化印迹的反映。例如，西方的人们普遍对上帝心怀敬奉与虔诚，在没有证据证明上帝实际存在之前，这种敬奉与虔诚更多的是停留在思维活动的意义之上的。人的思维一定会遵循一定的意义而进行或产生，这些意义就是文化，思维活动本身是具有相应意义的活动。二是一定的存在含有特定意义或人类将其赋予意义而产生或形成文化。如飞机、汽车作为一种存在，在发明之前人类就已经将其意义定格，而埃及金字塔，中国长城，学校里的一座雕像、校门的设计，每个人的鞋、发式，都是一定的人群或个人将其赋予意义而成的文化印迹。所以，可以说思维与存在一定蕴含相应的意义，而二者又涵盖了人类全部的

① 罗素．西方哲学史［M］．何兆武，李约瑟译．北京：商务印书馆，1963：83.

活动，因此，文化是对人类生活产生影响的一切的意义的集合。

再次，意义的集合是指全部的意义。可以这样理解意义的集合：一是指意义实际上是客体相对于一定主体对一定需要的满足，如果根据人本主义心理学家马斯洛的需要层次理论，那么生理的、安全的、爱和归属的、尊重的及自我实现的任一层次的需要的满足，就都是一种意义或一个层次的意义的获得；二是指意义是一定主体的认识 f 和实践对于自我、他人和社会所认识和产生的全部意义；三是这里所指的意义有时可能是荒诞的意义，但一定的主体认为于认识或于实践有意义，同样可以流传而成为文化；四是如果按照人性的划分，即基于人性构成的三个维度——自然性、社会性和精神性，对于其中任一维度的满足，都是意义的一种或一部分。从上述任何一种思路去理解文化概念中的“意义”都是正确的。

最后，文化是意义的集合，也可以说意义是文化的集合。因为，人们认识到的意义构成了相应的文化，同样，一定的意义是建立在一定的文化基础之上的。

（五）学校文化的概念

高益民在《学校文化凝练》一书中提出：“学校文化是指存在于学校这种社会组织内的文化，是学校的所有成员（教师、职工、学生等，有时也包括家长、社区成员及利益相关者）围绕学校被赋予的职能或使命而开展的所有教育活动（课堂教学、德育活动、管理活动等）以及这些教育活动的成果（学生与教职工的成长以及各种精神与物质产品）的总和，或者说，是学校成员们的教育生活。”① 这个概念非常全面，是广义文化定义在学校之定语下的复制品。但是，由于受研究者的不同兴趣和研究领域背景的影响，目前还没有关于学校文化的统一的定义。有学者认为，未来学校文化不是要求统一的学校文化定义，而是需要分析定义者使用定义的背景。这说明，对学校文化的概念不存在本质和唯一的定义，研究者对学校文化的定义更倾向于采取实用的态度。

① 高益民．学校文化凝练［M］．北京：教育科学出版社，2013：3.

（六）文化的特性

关于文化的特性问题，有不少学者做过专门的研究。例如，乔春洋认为文化有六大特性，即普同性、多样性、民族性、继承性、发展性、时代性。这一分类中，民族性与多样性有交集，发展性与时代性也有交集。下面，我就自己的研究与思考做一个小结。

1. 存在的绝对性

文化是一种绝对的存在，这似乎应该是一个公理。格尔茨曾明确指出，社会的存在即是文化的实体。① 这就是说，只要有人类社会存在和人类社会生活，就有文化存在。是的，人类社会发展史就是一部人类文化史。所以，无论是唯物史观学者所持的“文化就是人类社会历史实践过程中所创造的物质文明和精神文明的总和”，还是持文化为可“深描”观念的格尔茨所述的“社会的存在即是文化的实体”，都告诉我们，文化无处不在，无处不蕴含着文化。因此，对文化概念的争执，绝不等同于文化可能并不存在，或者可以“虚化”或“忽略”它。文化不仅存在，而且是一种无处不在的存在及一种绝对的存在。

我注意到，这种带有明显主观唯心主义色彩的文化绝对存在论，很容易受到别人的批判。因为，辩证唯物主义者认为，只有相对的存在，没有绝对的存在。但是，我也注意到，毛泽东曾经指出，矛盾的普遍性“是共性，是绝对性”，“共性，即包含于一切个性之中，无个性即无共性”，“一切个性都是有条件地暂时存在的，所以是相对的”，“这一个共性个性、绝对相对的道理，是关于事物矛盾的问题的精髓，不懂得它，就等于抛弃了辩证法”。正是如此，我坚信文化绝对存在论。

2. 习得性或后天性

美国人类学家科塔克认为，文化是习得的。他在经过深入的研究，做出相应解释时说：“文化传统最重要的特点在于它是通过学习来传承而不

---

① 克利福德·格尔茨．文化的解释［M］．韩莉译．南京：译林出版社，1999：32.

是通过生物遗传。文化本身是没有生物性的，但是文化确实以原人（原人属动物学范畴，包括化石和活着的人类）的生物能力为基础。”[①] 科塔克的这个解释好像很令人费解。我对此的理解是，文化、生物能力、遗传之间的关系，实际上正如或者说就是知识、智商、遗传之间的关系：文化（或知识）与遗传无关；一定生物的生物能力（或智商）与遗传有关或主要靠遗传；习得文化（或知识）的领悟能力和接受能力与遗传有关。这应该就是科塔克所说的以生物能力为基础的本义。

因此，科塔克明确地告诉我们，文化是可以改造的，无论是组织还是个人的文化底色皆是如此。因为，文化不是通过生物遗传的，而是习得的，可以根据相应的需要进行培植，并传播开来。

3. 个性或独特性或多样性

不同的文化之所以有差异，是因为它们都有各自的个性，或者说独特性、多样性。其实，不要说东西方文化差异巨大，同样在中国，在一省、一县、一乡，地域相差一点点，其显现的文化，如符号、英雄、仪式等，有时就相差甚远。中国有句古话“十里不同俗”，说的就是这个道理。同样，中国自古就有“一方水土养一方人”的传统观念，实际上就是说，不同的水土孕育出不同的文化，而不同的文化养育了各自的人民。

文化的独特性还体现在，不同文化背景的人之间会出现对彼此的语言和行为难以理解。对此，哲学家维特根斯坦做过一番研究后曾说：“某些人在我们看来一眼便可看穿。然而，关于这一观察还须补上，一个人对另一个人还可能是一个完全的谜。当我们来到一个有着完全陌生的传统的陌生国度时，我们便可得知这一点，不仅如此，即便是精通那个国度的语言，也会如此。我们不理解那里的人们（并且不是因为不知道他们彼此间说些什么）。没有他们的帮助，我们就无法独自行动。”例如，当代东西方对于民主、人权的认识或理解存在巨大的差异，这正是源自文化的差异，而不能简单地说成“谁比谁的文化或制度更好”。

① 康拉德·菲利普·科塔克．简明文化人类学：人类之镜（第五版）［M］．熊茜超，陈诗译．上海：上海社会科学院出版社，2011：3.

事实上，不仅是一种政治制度在不同民族间传递的困难，也不仅是一种管理方式在学校之间传递的困难，即便是生活在相同文化环境中的不同组织、个人也会表现出不同的个性心理特征，这是早就被心理学证明过的结论。我们知道，即使是同卵双胞胎（他们的基因编码是相同的），在相同的家庭、学校及社会环境中长大，其文化差异也是存在的，甚至是显著的，如信仰、价值观的差异等。这是为什么呢？对此，特瑞·伊格尔顿给出了解释，他认为："相同的文化将会被人民无意识地、被少数人自我反思地身体力行。一种共同文化因此与一种等级制度文化完全一致。重要的区别不是不同种类文化之间的，而是不同程度的自觉之间的，大多数人相信这个，却对此浑然不知。"[①] 他的解释清楚地告诉我们，之所以在同一族群中有不同文化个性的人产生，取决于每个人"不同程度的自觉"，与此同时，同一族群中具有相同自觉程度的人们就形成了一种共同文化，因此产生了不同的等级制度文化。例如，在某学校的一个班级中有一个上进好学却疏于锻炼的学生群体，也有一个既上进好学又乐于锻炼的学生群体，他们所信奉的文化不同，前者甚至认为锻炼身体是在浪费时间，即使班主任做工作也收效不大。实际上在任何一个群体中都是如此，都有一些小群体的共同文化或等级制度文化在产生、形成并不断发生作用。

4. 可传递性或继承性或历史性

人类在自身不断演进的社会历史发展的长河中形成了悠久的文化，文化中的重要内容就是文化传统。文化传统包括习俗和理念，妥当与不妥的行为准则代代相传，这就是文化的可传递性或可继承性，也可以称为历史性。人类文明史或者说文化史的产生，是一个长期积淀的过程，是一个从无到有的过程，没有突然的产生，即使是有爆发性或革命性的改变也是长期积累的结果。而且，无论是民族的文化，还是一个团队的文化，乃至一个人的文化特质的形成，都是一个长期积累与发展的过程。尽管多数传统意义上的无产阶级哲学家认为文化还具有阶级性，但是，无论是无产阶级

① 特瑞·伊格尔顿．文化的观念［M］．方杰译．南京：南京大学出版社，2006：95.

哲学家还是资产阶级哲学家，他们同样承认文化的历史性。伟大的无产阶级先驱列宁就曾说："无产阶级文化应当是人类在资本主义社会、地主社会和官僚社会压迫下创造出来的全部知识合乎规律的发展。"所以，我们完全可以说文化的可传递性、继承性、历史性是文化的又一显著的重要特征。

文化的这一特性需要引起管理者的高度重视，对于任何组织的文化都应该持扬和弃两种态度。对"妥当的"或优秀的文化传统要继承与发扬，对"不妥当的"或落后的文化传统要修正与舍弃，这是摆在组织管理者面前不能回避的一个问题。但事实上很多时候管理者要去改变一种思维或行为的习惯或文化又是相当困难的，尤其是在文化底蕴比较深厚的组织中。组织的文化愈深厚其优秀传统就愈多，是不是也可以说其相对落后的文化也愈多呢？有人用高山和峡谷的关系做比喻来肯定一个优秀的人，"一个愈是优点突出的人，其缺点也愈是突出，正如山愈高峡谷愈深一样"，我以为不无道理。因此，对那些历史悠久、底蕴深厚的组织应辩证地看待它的文化，进行文化引导和改造时要更加审慎、周全。

当然，文化的特性还远不止上述总结的内容。例如，与文化的可传递性相对的还有文化的发展性或创新性。许多文化盛极而衰，许多文化新生并开始传播，表现为在一定时代受到推崇的新文化，这就是文化的发展性或创新性。又如，与文化的个性相对的还有文化的共性或普同性。科塔克在《简明文化人类学：人类之镜》中阐述文化的性质时指出，文化具有共性、泛化及特殊性。其中的特殊性主要就是指文化模式，"文化有不同的整合模式，展示出千差万别的差异性和多样性"。[①] 再如，因为文化是意义的集合，所以文化还具有价值性，甚至可以说价值是与文化紧密联系在一起的，是文化最基本的特征之一。

---

① 康拉德·菲利普·科塔克．简明文化人类学：人类之镜（第五版）［M］．熊茜超，陈诗译．上海：上海社会科学院出版社，2011：53－55.

二、管理及学校管理的一般概念

（一）管理的一般概念

我国古代的“管”字原意为锁钥，其说见于《周礼》：“司门掌授管键，以启闭国门。”后延伸其义为控制和执掌。“理”字较早见于《说文解字》：“治玉治民为理。”后延伸其义为治理、协调。就词解义，管理应是管“事”、理“人”的意思。

1. 管理的定义

由于研究者看问题的视角有所不同，管理的定义大致有以下两种类型。

一是职能性或功能性定义。就是从管理所具有的职能或功能进行定义，也是一种通用的对概念进行定义的方法。

按照这类定义方法，最为典型的就是法约尔对管理所下的定义：“管理，就是实行计划、组织、指挥、协调和控制。”[①] 而在大多数管理学教材中对“管理的职能”的阐述基本都是上述内容，当然，在不同学者所编的管理学教材中，有的删除了“指挥”，有的加进了“协调”“创新”或“发展”，稍有出入而已。被誉为“科学管理之父”的弗雷德里克·温斯洛·泰罗对管理下的定义也属于这种类型。他在《科学管理原理》中说：“管理是确切知道你要别人去干什么，并使他用最好的方法去干。”[②] 这一定义相当简捷和有个性，尤其是特别符合他对人性的假设——“经济人”假设，科学主义倾向明显，把管理者当成支配者，把被管理者当成被支配者，要他怎么干就怎么干，并且“使他”——告诉他、强制地用最好的方法干。

这类定义的优点是直观，容易理解，读者从概念的阅读中就可知道什么是管理或知道管理应该做什么；其不足就在于这种对职能或功能进行枚

① 亨利·法约尔．工业管理与一般管理［M］．周安华等译．北京：中国社会科学出版社，1982：5.

② F.W. 泰罗．科学管理原理［M］．胡隆昶等．北京：中国社会科学出版社，1984：157.

举的定义方法容易出现挂一漏万的情况。

二是职能加目的性或功能加目的性定义。用“以什么手段，达到什么目的”将管理作为一种过程或活动来描述，这也是常有的一种定义方法。

以此来定义管理，国内最典型的就是周三多主编的《管理学》中的定义：“管理是指组织中的如下活动和过程：通过信息获取、决策、计划、组织、领导、控制和创新等职能的发挥来分配、协调包括人力资源在内的一切可以调用的资源，以实现单独的个人无法实现的目标。”① 刘熙瑞在《现代管理学基础》中对管理下的定义：“在一定的社会活动中，一定的人或组织依据一定的权力，通过某些措施，对人力、物力、财力和其他资源进行协调或处理，以达到预定目标的活动过程。”②

持此类定义的国外学者中，最典型的莫过于美国管理学家小詹姆斯·H. 唐纳利的定义：“管理是由计划、组织和控制所组成的一种职能活动，是一个为了达到同一目标而协调集体所做努力的过程。”③ 孔茨等人的定义：“管理是设计和保持一种良好环境，使人在群体里高效地完成预定目标。”④

2. 管理概念要素的分析

要素之一：管理者与被管理者两个主体。管理的概念中无论下定义者是否做出相应的叙述或规定，管理活动中必然存在管理者与被管理者两个主体，也可以分别站在一方的立场上将其分别称为主体与客体，即站在管理者的角度，管理者是主体，被管理者是客体；站在被管理者的角度，被管理者是主体，管理者是客体。我主张把管理者和被管理者看成两个主体，不仅因为主体和客体从来都是相对的，更重要的是学校工作者应将教师和学生都视为中心，树立一种双主体的思想。管理者和被管理者可以是

---

① 周三多. 管理学［M］. 北京：高等教育出版社，2000：4.

② 刘熙瑞. 现代管理学基础［M］. 北京：高等教育出版社，1991：3.

③ 小詹姆斯·H. 唐纳利，詹姆斯·L. 吉布森，约翰·M. 伊凡. 管理学基础——职能·行为·模型［M］. 北京：中国人民大学出版社，1982：10，41，57—58.

④ 哈罗德·孔茨，海因茨·韦里克. 管理学（第10版）［M］. 张晓君等编译. 北京：经济科学出版社，1998：6.

一个人，也可以是多个人；可以是一个团队，也可以是多个团队。例如，唐纳利等人在《管理学基础——职能·行为·模型》一书中提出“管理就是由‘一个或更多人’来协调‘他人’的活动”[①]。

要素之二：管理是一种活动。管理是一种人类所特有的实践活动，是由专门机构和人员进行的控制人、组织人的行为，使之趋向预定目标的活动。所谓的实践活动与心理世界的活动不一样，必须有相应的主体对另外的主体施加影响或作用。上述关于要素之一的讨论已经告诉我们，管理是管理者和被管理者相互施加影响和作用的实践活动。但是，也有学者认为管理是一种技术、一种科学。张尚仁在《管理·管理学与管理哲学》一书中给管理下的定义是这样的：“所谓管理，就是指由专门机构和人员进行的控制人和组织的行为，使之趋向预定目标的技术、科学和活动。”[②] 按照这种说法，管理既是一种技术，也是一种科学，还是一种活动。如果将管理指向预定目标的“科学”，那就是管理的科学或管理科学，可简称为管理学的学问了。事实上管理学就是这样定义的：“管理学是一门从管理实践中形成和发展起来的，系统地研究管理活动及其基本规律和一般方法的科学。”[③] 并且，管理学真正成为一门科学，是随着生产力的发展，直到19世纪末20世纪初才真正发展起来的。如果将管理指向预定目标的“技术”，这实际上恰恰是现行管理学研究的关于管理的方法之一，因为管理方法是以帮助实现管理目标的各种程序、手段、技术等为基本范畴的概念，所以，若将管理指向“技术”，实际上也有一种逻辑不周之嫌。

要素之三：管理活动的目的。管理的目的是实现组织目标。从上面所列的定义中不难看出，有许多学者都将管理的目的写在定义中，即“实现组织目标的活动”。

要素之四：管理活动的相应的功能、内容、方法。很多管理学家在管理的定义中就明确写出了管理的功能、内容和方法，如法约尔、泰罗、刘

---

① 小詹姆斯·H. 唐纳利. 管理学基础——职能·行为·模型［M］. 北京：中国人民大学出版社，1982：18.

② 张尚仁. 管理·管理学与管理哲学［M］. 昆明：云南人民出版社，1987：172—173.

③ 李丽娟. 管理学原理［M］. 北京：北京理工大学出版社，2010：7.

熙瑞等。

（二）学校管理的概念

学校管理的概念应该在管理概念的要素中，进一步明确相应要素的具体成分，即在管理的概念中加入相应的学校管理的主体与客体；明确学校管理所特有的功能和方法；指出学校管理的目的等。当然，学校管理作为管理学的一个分支，还必须增加一个更大的主体或范围即学校，这样就可以形成一个比较完整的学校管理概念了。

例如，日本学者久下荣志郎等人在《现代教育行政学》中提出："学校管理的概念，是包括为达到学校本来目的的一切行为，一般可分为物的管理、人的管理和经营管理。所谓物的管理，就是对设施设备的维持、保全作用；人的管理是对教职员的任免、服务、惩戒、监督等；经营管理包括班级编制、教育课程、校务分担、儿童和学生的管理等。"① 这个定义特别强调了学校管理的功能和内容。再如，吴昕在《学校管理概论》中提出的学校管理概念，也是这种结构："学校管理是学校管理者根据一定的目的要求，采用一定的手段措施，带领和引导师生员工，充分利用校内外办学资源和条件，整体优化学校工作，从而实现预期目标的组织活动过程。"② 张济正在《学校管理学导论》中提出的学校管理的概念，与吴昕提出的概念极其相似，他说："学校管理是学校管理者通过一定的机构和制度，采用一定的手段和措施，带领和引导师生员工，充分利用校内外的资源和条件，整体优化学校教育工作，有效实现学校工作目标的组织活动。"③ 当然，吴昕、张济正与久下荣志郎所提出的学校管理的概念也有明显的区别，吴昕将学校管理的具体功能和内容模糊掉了。

此外，还有三个较有个性的关于学校管理的概念不得不说。一是安文铸的《学校管理辞典》一书中的概念："学校管理是学校管理者协调和解

① 久下荣志郎等．现代教育行政学［M］．李兆田等译．北京：教育科学出版社，1981：96.
② 吴昕．学校管理概论［M］．沈阳：辽海出版社，2002：7.
③ 张济正．学校管理学导论（修订本）［M］．上海：华东师范大学出版社，1990：22.

决学校内外部各种矛盾的行为方式。”① 他的这个概念特别像法约尔的管理概念，只用管理的功能或职能对学校管理进行了定义，十分简洁。二是20世纪初商务印书馆发行的教育丛书《学校管理法》一书中的概念：“学校管理的概念有广义、有狭义焉。以其广义言之，则学校之设置也、教授也以及学校之经济卫生课程统治等，均在管理范围之中。简言之即管理全校也。以其狭义言之，则惟限制于学校统治之端，专注意于管理学生而以培养道德为要旨者也。”② 这个概念将学校管理定义为广狭两义，而其他学者只是讨论了广义的概念。三是杨文俊在《普通学校管理学》中指出：“学校管理就是学校管理者在限定的时间和空间内，为实现学校教育目标，对学校所属的人、财、物、时间，通过一定的方式组成一个有机的系统，并经常对这个系统保持相对平衡，以实现管理目标，取得最佳的社会效益。”③ 这一概念的特点或鲜明个性就在于，将学校管理的目标设置了三层，即“学校教育目标”“管理目标”及“最佳的社会效益”；将学校管理的对象列得比较完整，即“人、财、物、时间”，这是其他学者的定义中没有的。

三、文化管理的概念

（一）文化管理概念的相关研究

1. 国外学者的相关研究

20世纪20年代，正是科学管理风靡管理学界及企业界的年代，梅奥等人在美国芝加哥西部电器公司所属的霍桑工厂，进行了长达七八年的工人劳动效率的研究。后来，梅奥在1933年出版的《工业文明中人的问题》

---

① 安文铸．学校管理辞典［M］．北京：中国科学技术出版社，1991：79.

② 金承望．学校管理法［M］．上海：商务印书馆，1921：13.

③ 杨文俊．普通学校管理学［M］．西安：陕西人民出版社，1988：1—2.

一书中正式提出人群关系理论，其基本观点有四点。① 其中，“把人当作‘社会人’加以尊重，而不应该把人视为‘机器’”——这颠覆了泰勒的“经济人”假设，也建立了管理理论的新基础；“霍桑实验则表明，生产效率的提高和降低，主要取决于职工的工作情绪，即职工的士气，而士气又取决于两个要素：职工在家庭生活和社会生活中所形成的态度和企业内部的人群关系”——人群关系，这是企业文化的最主要的内涵之一，要构建和改善人群关系，实施文化管理是最好的选择；“主张用‘工人参与管理’‘倾听职工的意见’‘沟通人际关系’‘改善工人对公司的态度’等来提高管理的效率”——这些主张都是实施文化管理最基本的策略或途径。不难看出，梅奥是文化管理的开创者和坚定拥护者，尤其难得的是他提出上述观点的时期正是在泰勒的科学管理为世人所追捧的时代。

“文化管理”一词最早出现在迪尔和肯尼迪于 1982 年合著的《企业文化——企业生活中的礼仪与仪式》一书中。他们还指出：“本书的目的是为企业领导人提供有关文化管理的入门知识，我们希望通过这种方式向我们的读者灌输一种新的企业生活规则：文化就是力量!”他们对文化管理作为一个概念的提炼显然是不够的，但是，他们开创性地提出文化管理概念的价值远远超过了概念本身的价值。

2. 国内学者的相关研究

在国内学者中，关于文化管理有下列一些比较典型的定义。其中有一部分概念在之前的论述中已经列出，但是，为了突出文化管理概念的重要

---

① （1）传统的管理理论把人当作“经济人”看待，认为金钱是刺激积极性的唯一动力。霍桑实验则表明，人是“社会人”，影响人的生产积极性，除物质利益等物质因素之外，还有社会的和心理的因素。因而，人群关系理论主张，把人当作“社会人”加以尊重，而不应该把人视为“机器”。（2）传统管理认为，生产效率主要决定于工作方法和工作条件，因而在管理上，只强调实行工作方法的科学化、劳动组织的专业化、作业程序的标准化，即传统管理是以“事”为中心的。霍桑实验则表明，生产效率的提高和降低，主要取决于职工的工作情绪，即职工的士气，而士气又取决于两个要素：职工在家庭生活和社会生活中所形成的态度和企业内部的人群关系。（3）传统管理只注意了正式组织的问题，霍桑实验则表明，在企业中并存着正式组织和非正式组织。这种非正式组织有它自己特殊的感情、规模和倾向，并影响其成员的行为。（4）霍桑实验还提出了新型领导和民主管理对提高生产效率的作用，主张用“工人参与管理”“倾听职工的意见”“沟通人际关系”“改善工人对公司的态度”等来提高管理的效率。

性，照顾行文的逻辑性，在此，将其各家之言再做一次简单的罗列。

张德教授认为：“在服务制胜时代到来后，它（指科学管理）必将让位于‘以人为中心的、高度重视观念和感情因素的非理性管理模式，即文化管理’。”① 应该说，后半句就是张德教授给文化管理下的定义，即“以人为中心的、高度重视观念和感情因素的非理性管理模式”。

向吉英博士认为：“所谓文化管理，就是从文化的高度来管理企业，对企业的控制、计划、领导、协调、组织等方面都渗入文化的因素，以文化贯通企业管理的全过程。”② 他是借用“管理”的一般概念站在以文化为中心的立场上来定义的。

刘焕荣、徐立梅两位研究者提出：“所谓‘文化管理’就是把企业管理的软要素作为企业管理的中心环节的一种现代企业管理方式。”③

孙鹤娟认为：“文化管理就是‘人化管理’，就是以人为出发点，并以人的价值实现为最终管理目的的尊重人性的管理。”④

陈永明教授提出：“‘文化管理’以人为中心，以人为出发点，强调‘以人为本’，关心人、理解人、尊重人、培养人，在满足人的必要物质需要的基础上，尽量满足人的精神价值需要，以人的价值实现为最终管理目的。”⑤ 他的定义突出以人为本。

学校文化管理或高校文化管理有下列几个有一定代表性的定义。

吴剑平等人撰文提出：“判断一所大学是不是进入了文化管理的阶段，关键要看大学精神和大学文化是不是在大学管理中发挥主导作用，居于核心地位。”⑥ 意即大学精神和大学文化在大学管理中发挥主导作用，居于核心地位的管理模式就是文化管理。

---

① 张德．从科学管理到文化管理——企业管理的软化趋势［J］．清华大学学报（哲学社会科学版），1993，8（1）：30－31．

② 向吉英．管理文化与文化管理［J］．暨南学报（哲学社会科学版），2001，23（4）：49．

③ 刘焕荣，徐立梅．文化管理的本质特征和主要特点［J］．商业研究，2002（3）：31．

④ 孙鹤娟．学校文化管理［M］．北京：教育科学出版社，2004：39．

⑤ 陈永明等．教育领导学［M］．北京：北京大学出版社，2010：140．

⑥ 吴剑平，李功强，张德．试论大学管理模式与世界一流大学建设［J］．清华大学教育研究，2004，25（2）：52．

樊娟认为："所谓的高校文化管理就是学校组织内形成一套被师生员工认可、接受并纳入到自身观念中的价值体系，能使学校内部成员自觉地用这套价值体系来规范和约束自身的行为，形成一种自我管理、自我约束的学校组织氛围。"[①] 文化管理强调价值体系的构建及人的自然管理和约束。

张东娇的研究是国内较新的成果，她指出："学校文化管理是对学校文化四个具体变量（注：物质文化、行为文化、制度文化、精神文化）的结构性设计和操作，在原有起点上努力建设相对强文化学校的过程。"[②]

将上述学者的观点进行梳理，就会发现文化管理或学校文化管理的概念具有这样一些特点：一是将以人为本作为核心价值，以人为本既是文化管理的出发点，也是文化管理的目的；二是将文化，如精神、价值观作为管理的基本载体；三是以文化引导、规范、激励、约束来组织成员或学校中的师生。不过，在我看来，上述概念还有两点不足：一是没有揭示文化管理的本质；二是对管理的概念要素观照不够，未能突出管理的具体手段和目的。

（二）文化管理及学校文化管理概念之我见

我认为，文化管理就是管理者通过对团队或个体的认识（或精神）和实践（或行为）的意义进行引导性诠释，实现个体与团队的意义自觉，以协调团队的行动，实现团队及个体目标的管理或管理过程。简而言之，文化管理就是依靠文化来协调团队的行动，实现团队和个体目标的管理或管理过程。

学校文化管理就是学校管理者通过对师生全体或个体的认识（或精神）和实践（或行为）的意义进行引导性诠释，实现师生群体与师生个体的意义自觉，以协调师生的行动，实现学校办学目标及师生个体目标的管理或管理过程。

---

① 樊娟. 文化之维——高校管理的新视角［J］. 江苏高教，2010（6）：100.

② 张东娇．学校文化管理［M］．北京：教育科学出版社，2013：28.

对以上概念，可以从以下几个方面理解。

第一，学校文化管理的实现，最重要的就是帮助师生进行认识（或精神、思想）和实践（或行为）意义的构建。这种帮助有时是引领，有时是校正，旨在实现师生个体的意义自觉。

第二，学校文化管理的目的就是实现学校的办学目标，同时实现师生的个人目标，二者应该是正相关的关系，也应该是互为条件（或手段）和目的的。

第三，学校文化管理是学校管理模式或方法中的一种，或者说对于一般管理概念而言，文化管理只是一种管理方式而已。

第四，文化管理与文化的管理的关系。二者的联系：它们都讨论管理，前者侧重于讨论对组织的全面管理，后者侧重于讨论对组织文化所进行的管理。二者的差异：（1）从被管理的对象和范围看，前者是针对和适用于一般组织管理的一种管理方法，后者则是一定组织全面管理中的一个方面。（2）从价值分类上看，前者的目的价值是指向组织整体优化的，是旨在提高组织效率的一种管理模式或方法，它借助于文化，文化在实施文化管理的组织和过程中体现工具（手段）价值。而后者的目的价值是指向组织文化优化的，是借助于或通过管理实现的，管理在优化文化的过程中体现工具（手段）价值。

第五，文化管理与管理的文化的关系。这一对概念的关系比较特殊，深入研究就会发现它们是双重包含而又不相等的，这种逻辑关系在数学上是绝对不会出现的。文化管理作为一种管理模式或管理形态，是管理学的一个分支，所以是管理的文化中的一种。也就是说，管理的文化包含文化管理，正如美国管理学家丹尼尔·雷恩所指出的“管理是文化的产儿”[①]。是的，无论是管理还是文化管理，不仅是一种社会现象，更是一种文化现象。同时，文化管理中必然体现出、反映出即包含着一定的、相应的管理的文化，且管理的文化体现或反映在实施文化管理的每个方面及每个环

① 丹尼尔·雷恩．管理思想的演变［M］．孙耀君，李柱流，王永逊译．北京：中国社会科学出版社，1986：298.

节，因此，文化管理又包含了管理的文化，特别是在实施文化管理的组织中。管理的文化是团队或组织在长时间的管理实践过程中逐步形成，最终积淀下来的思维和行为的习惯、风格，以及团队或组织成员共同或相近的价值观等。从这个意义上看，管理的文化应该是文化管理的结果。但是，这些习惯、风格、价值观在一定的组织中又是管理的手段，因为它可以用于统一或约束组织或团队成员的思想与行为。因此，文化管理必然包含或涵盖相应的管理的文化。

第二节　学校文化管理的特性

一、学校文化管理的基本特征

学校文化管理作为文化管理的一个分支或一种具体形式，是文化管理在学校的践行，所以，文化管理所具有的特征，学校文化管理同样具备，因此，下文将以文化管理特征的讨论为主，其讨论的内容和结论完全符合且适用于学校文化管理。

（一）文化管理是促成主体意义自觉的管理

文化的世界本身就是意义的世界，因此，依靠意义的引领应然地成为文化管理的特征之一。所以，学校管理者实施或落实相应的管理要求，或解决学校及学生管理过程中的一些矛盾，必须对相应管理要求或师生集体与个体所面临的问题，进行相关意义的合理诠释，尤其是对师生管理过程中所出现的矛盾的化解只能进行相应意义的引领，这种引领不是强迫、压制或包办，而是通过指引和带领，让师生自己获得相应的意义，即意义自觉，从而形成合理的共识，促进组织内部的和谐与统一，共同为实现学校（或组织）目标而努力。

要促使师生形成意义自觉，需要学校管理者、教师具有意义诠释的能力。下面以我化解一起“宏志班”班主任与其班上两名学生之间的矛盾为例，说明文化管理过程中管理者的意义诠释和管理对象的意义自觉。

某天上午课间操时，两名分别姓黄和汪的“宏志班”女生苦着脸来到我的办公室。我让她们坐下。

刚坐下，她们就说：“付校长，我们有话跟你说。”

我问："什么事情？"

她们说："上学期，我们的班主任曾当着全班同学的面批评我们，说我们不懂得感恩。"

我说："说具体点。"

她们说："有一位外地的爱心人士资助了我们，在上学期期末的时候，他与班主任通电话，询问我们的近况。班主任便让我们给他写信，我们写了，可是不知道什么原因，他没有收到。为此，班主任当着全班同学的面批评我们，说我们不懂得感恩。"

我说："哦，其实这是一个误会。"

她们说："但是，我们现在的心理负担非常重。现在，班主任批评班上发生的许多不良现象，我们认为都是在批评我们。"

两位同学有些哽咽。

我思忖片刻，说："没关系，我送你们两句话。第一句话，一位哲人说过：'表象不欺骗人，只有推理才欺骗人。'

"我们先通过一个例子，简单理解一下这句话是什么意思。假设地上有一个钱包，张三走过去，前后左右看了一圈，没有看到别的人，就把它捡起来，放在口袋里。

"你们推理一下，张三想干什么？说得更直接一点，张三究竟想如何处理这个钱包？

"通常会有以下这样两种推理：一是张三把钱包据为己有；二是张三打算先揣起来，再想办法找失主或交给警察。但是，当一个具体的张三出现在那里时，肯定只有一种做法或选择，那么，刚才所说两种可能的推理中，至少有一种是欺骗你的。其实，对张三行为的推理并不止上述两种情况，也就是说这两种推理可能都是错误的。推理者必须明白，越是善于推理的人，越是会面临对表象推理所必须面对的更多的种种误判。

"显然，班主任在班上批评不良现象只是一种表象，但你们一推理，就得出了是在批评你们的结论，这很正常。但你们必须明白，这种推理如同我们对'张三捡钱包'所做的推理一样，绝大多数都是错误的。"

她们连连点头，止住了眼泪。

我继续说："第二句话，是胡适先生说的：'做学问要在无疑处有疑，做人要在有疑处无疑。'这句话的意思就是，一个善于做学问的人，要在不值得怀疑或没有疑问的地方去怀疑；一个善于做人、会做人的人，在有疑问的地方也不去怀疑。那么，班主任在班上讲一些不良现象，你们就怀疑是在说你们，这样肯定会很累的，这与胡适先生说的做人的诀窍正好相反，是不是？

"你们看，这样好不好，以后班主任只要不再说关于这位爱心人士的事情，你们就不要往自己身上想了，好吗？

"对了，我还想问一下，班主任后来再次讲过爱心人士这件事情吗？"

她们说："没有。"

我说："这就对啦。可能就是你们多疑了，进行了没有必要的推理，把自己欺骗了。"

两位学生释然了，高兴地准备离开。

我最后说："记住这两句话，对你们的未来发展会有用的。"

后来，这两位同学都考上了不错的大学，其中一位同学写信给我说："您说的两句话特别有用，现在已成了我的座右铭。"

一位优秀的管理者或教师，必须具备对管理要求的意义进行透彻诠释的能力，以促进师生主体更容易实现其对相应管理要求的意义自觉；必须具备化解学校内各种矛盾的能力，这本质上也是一种意义的诠释能力，而且更需要教育者长期的修养与深厚的积淀。

如果我们可以将管理活动再细分为"管"和"理"两个过程。"管"的过程更多的是管理者对管理要求做相应的意义诠释和引领，这是主动的，可以是有准备的；"理"的过程则是对管理过程中实际发生的各种情况，更多的是偶然发生或出现的矛盾和问题进行相应的化解，这一过程相对被动些。

还要特别注意的是，上述"宏志班"学生与班主任之间矛盾的化解给了管理者另一个具有普遍意义的启示，即"理"的过程中应该将意义的引领建立在矛盾双方可以各自改变的基础之上，使其去寻找积极的意义，而不是在对方身上寻找消极的意义并要求对方做出相应的改变。所以，我仅仅从学生单方面出发，只要让她们克服对他人行为和言语消极意义的理解（也就是进行自我基础之上积极意义的引领）就化解了相应的矛盾。如果我找班主任谈心，了解事情的经过、缘由，只会使问题更加复杂，增加更多新的不愉快和不和谐。

（二）文化管理是一种潜在的、内化的管理

文化管理是一种潜在的、内化的管理，是一种靠组织成员自我管理为主的管理。所谓潜在就是这种管理并不是显性的，不是传统的科学管理中那种以依靠条条框框对组织成员提出硬性要求为基础的管理。所谓内化是指对组织成员进行的是思想的管理，管理者更多的是将管理要求变成一种较高立意与正面要求的方向传递给组织成员，然后由组织成员自己将组织要求内化后，变成一种思维与行为的自觉。文化管理强调的是在组织成员的内心产生一种潜在的、内化的思维和行为的动力。

我提出学生寝室文化的内核就是“洁”“雅”“俭”“勤”“群”“律”六个字。之所以提出这六个字的寝室文化，是因为寝室是学生在校生活的基本场所，是学生学会相处、交流、沟通的重要场所，也是除教室之外学生思想、性格形成的课堂，也有教师研究得出，学生的成绩是以寝室为单位的。所以，寝室的氛围对学生的成长，特别是对正处于身体发育期，世界观、人生观、价值观形成期的中学生来说尤为重要。而这种氛围，实则就是一种文化。

寝室文化是以学生为主体，以学生寝室为主要空间，以寝室成员的活动为主要内容的校园文化的一种。寝室文化作为群体文化，是一种特殊的教育文化。我所提出的“洁”“雅”“俭”“勤”“群”“律”六字寝室文化，每个字都有八个字的基本解释和要求，还有相应的具体内涵。

“洁”的基本解释和要求是“整洁一身，清洁一室”。干净、洁净为“洁”，其表义是就环境而言的，是对寝室的卫生要求。但作为生活在寝室中的每个成员来说，就不只是表面的环境卫生了，还有面必净、衣必洁等

诸多要求。同时，“洁”还比喻单纯、清白、正派、纯洁等，因此，“洁”还关乎人格、品行的塑造。

“雅”的基本解释和要求是“雅言雅行，温文尔雅”。“雅”有合乎规范、高尚、美好、不粗俗的意思，也是尊敬他人的敬辞。既有对自身言行举止的要求，又有对他人应有态度的规范；既有对环境的更高标准，又有对品行道德的不懈追求。因此，只有营造高雅的寝室环境，才能使身处其中的每一个人培养出高雅的气质，甚至是超凡脱俗的精神境界。

“俭”的基本解释和要求是“俭奢自知，简朴为美”。诸葛亮在《诫子书》中提出“俭以养德”，意即节俭是培养良好德性最好的方法。清代金缨也认为“俭则约，约则百善俱兴；侈则肆，肆则百恶俱纵”。可见节俭对事业、人生的意义。对于学生来说，“俭”就是不奢侈、不攀比。要让学生知道，父母带给自己的享受永远都不能代表自己的能力，更不能代表自己的未来。

“勤”的基本解释和要求是“勤以自理，勤能补拙”。《说文解字》的解释为“勤，劳也”。《现代汉语词典（第 6 版）》的解释为“尽量多做或不断地做”。这两种解释其实是相似的，即勤劳、勤快、勤奋等。这恰恰是对事务、生活、学习乃至人生的最好要求。在寝室这个家庭里，要学会做事，要勤快；离开父母独立生活，要自理，不要依赖。

“群”的基本解释和要求是“人性群居，互助乐群”。《说文解字》的解释为“群，辈也”，本义指人类团体。人在一定的现实社会中生活，一定会处在一定的团体中。在寝室里，几个性格迥异的人群居一室，人与人之间、个人与团体之间，就是人们处于社会之中的一个缩影，那么，在这个群体或小社会里，每个学生都要学会与他人相处，学会与人沟通、交流。沟通与交流的最基本也是最有效的方式，就是尽自己所能在别人需要帮助的时候给予帮助。

“律”的基本解释和要求是“律己律人，活而有序”。《尔雅·释诂》的解释为“律，法也”，意为法律、规则，表示约束、遵循等。“律”就是一方面通过规章制度、检查评比、奖励和处罚等措施做到他律，用制度来约束、引导，用活动来训练；另一方面加强自律，自觉遵守规章制度，做一个对人对己要求一致的人。另外，在寝室里，学生应该有适度的放松，需要有相对活泼生动的生活，只要适度有序即可。

我的寝室管理实践告诉我，用寝室文化来教育和凝聚学生，其效果是明显的和有价值的。

（三）文化管理是一种以人为本的管理

以人为本是文化管理最为显著的特征之一。所谓以人为本，最简洁的解释就是从人性出发，重视人、尊重人、服务人、发展人。然而这种解释很容易成为许多管理者的“口号”，从而变得十分空洞。相反，学校管理者只有真正将其奉为信条，才能真正落实以人为本，使其变成管理者的管理实践，而不是“招牌”。

我通过与学生进行师生午餐会、师生茶歇，深入学生中去了解他们的诉求和基本想法，解决了学校管理中存在的诸多疏漏和问题。例如，有学生在师生午餐会上提出，希望在学校门房处安放一个投递信件的邮筒，我当即表示同意，后来经过与社会职能部门的协调而安装到位。又如，12月13日是南京大屠杀公祭日，有学生反映希望观看电影《南京！南京!》，这个建议十分好，我们就照此安排。

其实，上述例子中的做法既是为了提高学校管理的效率与管理工作的针对性，又是为了培养学生民主开放的人文情怀。

文化管理必须从管理者和被管理者双重主体的需要出发，确立人在管理过程中的主导地位，只有这样才能充分调动人的主动性、积极性和创造性。所以，文化管理就是要对人给予足够的关注。所有的组织尤其是学校，一切管理活动与管理实践的根本目的就是完善人的道德和意志品质、发展人的智力、提升人的体力，使被管理者与管理者一同获得超越生存需要的更为全面、自由的发展。这就是文化管理所具有的以人为本的特征。

在实施文化管理的过程中，以人为本特征的实现是要求管理目标、管理过程、管理手段、管理结果均能够体现对人的重视、促进人的发展。例如，管理目标设计要以人为本就是要符合团队发展与个体发展的实际，让团队需求与个体需求有最大的交集。

（四）文化管理是一种重视非理性因素的管理

泰勒的科学管理、法约尔的古典组织理论及“二战”之后的管理科学学派、系统管理学派等所倡导的管理都属于理性管理。理性管理中将人、财、物、信息等管理要素或对象的地位和作用视为一致，即人也被视为一种资源客体；重视将对人的要求通过严格的规章制度来进行相应的约束甚至是强迫，将生产的过程设计成标准的操作程序，让工人照此去做，即运用科学的方法、求真的思维把一切事务都规范化、标准化、系统化，以此达到提高效率的目标。理性管理的根本错误就在于所建立的“经济人”假设的错误，即人是追求利益最大化的“经济人”，可以通过制度和利益机制对人进行诱导和控制。

重视非理性因素的文化管理则认为人并非完全是理性的，如“士为知己者死”“亲其师，信其道”等，这些为普通人所熟知的话语，都清楚地告诉我们，人类既是拥有理性，又是经常表现出非理性思维和行为的特殊族群。因此，文化管理强调以人为中心，重视人性中非理性的一面，即重视意志、情感、信念、价值判断与选择等非理性因素对管理的作用。

当然，重视非理性因素在管理中的作用，绝不是文化管理被提出后才出现的。1920 年，梅奥等人就指出，工人的劳动效率主要取决于他们的工作情绪。致力构建学校内部和谐的人际关系，即重视非理性管理的成分或内容，本身就是管理者的重要任务之一。

需要特别强调的是，学校文化管理特别重视非理性因素，还因为学校管理中财、物、信息等管理要素与企业相比，其重要性及管理难度要低得多，特别是在公立学校中，财、物的配置都是由上级财政、教育等相关部门决定的，学校自身的管理任务很轻，因此，学校中关于人的管理所占的比重会更大，即学校管理中非理性因素所占的比重会更大一些。当然，重视非理性因素在管理中的作用，并不是要抛弃理性因素，而是非理性因素和理性因素并重。如果说科学管理是一种硬管理或刚性管理，那么文化管理就需要软硬结合、刚柔并济。

（五）文化管理是一种具有长效性或持久性的管理

在一定的组织中生活了一段时间的组织成员，都会被打上该组织所特有的文化烙印。当主体到了新的组织中，相互之间存在着文化的差异，有的人非常适应，会选择留下来；有的人选择留下来，慢慢地去适应；有的人认为自己绝对无法适应，就会选择离开。同样，一定组织中的成员到了新的组织，其原属组织的文化烙印也会被带到新的组织中去，作用于新组织及与之接触的组织成员。

葛中教师晚办公习惯的养成。其实，学校从来没有硬性要求教师晚上坐班，教师之所以会形成这样一种习惯，大概有这样四个方面的原因。一是从 2011 届开始，学校实行高三教师百日坐班，即从离高考还有 100 天的 2 月下旬开始，高三教师进行坐班并由年级组进行考核，按照考核结果给教师发放百日坐班津贴，一届复一届，教师自然就养成了晚上坐班的习惯；二是在教学管理中我们从教学的基本要求出发，对全体教师提出必须及时反馈的要求，即当天的作业和考试的结果必须在第二天反馈给学生，不能拖到第二天以后，若教师第二天第一二节有课，只有晚上加班进行批改；三是由于白天大家都比较忙，我常将有关教学的会议安排在晚上，所以，许多中层干部就慢慢适应了晚上办公；四是我经常也是晚上办公，而且经常工作到深夜，无形中为教师做出了榜样。

从上例可以看出，习惯的养成不是硬性要求的结果，而是慢慢熏陶和一些软性要求促成的，这实际上是一种文化熏陶与传递的过程。

（六）文化管理是坚持正面引导为主的管理

语文特级教师肖远骑认为：“教育其实很简单，无非就是要做两件事：一是告诉孩子该做什么，二是告诉孩子不该做什么。就是这两点，东西方有很大的差别。西方教育侧重前者，东方教育侧重后者。”虽然我并不以为告诉孩子该做什么或不该做什么是东西方教育的差异所在，但关于这一问题，我认为很值得讨论。我在学校与教师进行交流时，总是一再强调“你想学生将来是怎样的，就把他说成是怎样的”或“你想学生成为怎样的，就告诉他如何做就可以成为那样的”。

例如，2011 年秋季学期的一个星期五的学校行政会上，有教师在发言中反映：有些女生喜欢说长道短，有些女生就寝前高声笑闹，也有少数男女学生交往过密。我了解到这一情况后，决定在下一周的升旗仪式上与全校学生做一次交流，其主题为“做一名优秀的女生”。内容摘要如下。

大家早上好！今天与大家交流的话题是“做一名优秀的女生”。男生可以从我的讲话中想想你们应该怎样做优秀的男生。那么，什么样的女生才算是优秀的女生呢？我从以下几个方面来说说。

1. 优秀女生之品

优秀女生之品很宽泛也很具体，但最重要的有三点。一是讲真话。阳光的学生，有事不会藏着掖着，对人对事直来直去。但有一些同学许多时候认为“这不能说”“那不能让人知道”，我认为，如果是你的某种行为不能说，那你一开始就不应该去做。如果有同学问我：讲真话有什么好处？我可以告诉你：讲真话的最大好处就是你不用费力记住自己曾经说了些什么！二是善意地对待所有的人和事。凡事尽量往好处想，不要把他人想得很坏。要做到这一点，就要经常和善良的人在一起。老子说过“天道无亲，常与善人”，意思就是，天底下的人本没有亲疏之分，要与善良的人在一起。当然，这也告诉我们，如果你在学习和生活中碰到确实有恶意的人，那你就应该选择离他远点。三是把未来想象得很美好。你们应该相信通过自己的努力可以使未来很美好。人们常说“少年壮志不言愁”，少年应对未来充满自信。

2. 优秀女生之学

良好的学业，是每个女生以及每个学生立足未来社会的基础。诚然，我们绝大多数同学的学业都是非常优秀的，那么，我仍然讲优秀女生之学，是不是显得有些多余？我认为并不多余，因为你们还可以做得更好。如何能变得更好呢？我认为有两个品质很重要。一是要专注。专注学习最大的好处就是效率高，思考过的东西理解得透彻，看过的东西记得牢。二是要有韧性。有韧性，便能够坚持，即使暂时失败了也不会轻易放弃，这样离成功就会越来越近。

3. 优秀女生之友

人与人之间要成为真正的朋友，我认为必须做到以下几点。第一，要自信，不要自傲。自信使人们有战胜困难的勇气，自傲却会影响与他人的交往。第二，要亲切，不要木讷。我发现有不少同学碰到认识的人不会打招呼，显得很木讷。你们须知，亲切是与他人和谐相处的基础。哪怕是最能干、最有本事的人，也可能因为与他人相处的困难，而遭遇挫折。第三，要和谐，不要隔阂。特别是在班集体中，要尊重别人的个性，以“和而不同”的君子之风与他人和谐相处。第四，要关心，不要亲密。同学之间可以互相关心，但不要特别亲密，因为你们现在还处在不太成熟的年龄，有一些不成熟的想法，有时候会被一些错觉所迷惑。第五，要矜持，不要狂放。学校希望能将每个学生都培养成社会中的文明公民，特别是女孩子，矜持一点抑或保有一种淑女之风，可能更让人觉得可爱。但我们学校有个别女同学在晚上就寝时大声笑闹，着实让人觉得有失风度。

4. 优秀女生之美

首先，美的女生不显摆。居里夫人很美，但她总是那么平和、淡定地出现在她该出现的地方。她之所以被人们尊敬，除了在科学方面取得巨大成就之外，她从容淡定的姿态也是重要原因之一。其次，美的女生情趣高雅。我总结过，没有高雅情趣的女孩子，最大的缺点就是饶舌，喜欢说长道短。女孩子若是饶舌、话多，自然就容易招惹是非。而且，一个喜欢在背后说别人坏话的人，在许多场合是不受人欢迎的。所以，我希望各位女同学能够充分利用学生时代的有利条件，养成终身受用的高雅情趣。最后，不要修饰。修饰是失去了光彩和美丽的人的一种弥补方式。而你们现在正值人生最美的年龄，一切修饰都是多余的。毕淑敏在《寻觅优秀的女人》中说：“美丽的女人少年时像露水一样纯洁，青年时像白桦一样蓬勃，中年时像麦穗一样端庄，老年时像河流的入海口，舒缓而磅礴。”我们在场的每一个同学，包括男同学，无论是内在还是外在，如果像露珠一样纯洁，就会很美，就会很优秀。

无疑，这段讲话的目的是对学生进行正面的引导，虽然是从女生当中存在的比较负面的现象出发的，但从题目“做一名优秀的女生”就可以知道，这是在告诉学生怎样做，这就是正面引导。

二、经验管理、科学管理、文化管理的关系

（一）三种管理模式的基本差异

中国最早提出文化管理概念的张德教授对经验管理、科学管理、文化管理的关系做过如下比较。

经验管理、科学管理和文化管理比较表

模式 特征	经验管理	科学管理	文化管理
时间	1769—1910 年	1911—1980 年	1981 年以来
特点	人治	法治	文治
组织	直线式	职能式	学习型组织
控制	外部控制	外部控制	自我控制
领导	师傅型	指挥型	育才型
管理中心	物	物	人
人性假设	经济人	经济人	自动人、观念人
激励方式	外激为主	外激为主	内激为主
管理重点	行为	行为	思想
管理性质	非理性	纯理性	非理性与理性相结合

从文化管理的角度看，对上表做如下理解，以明辨三种管理模式的基本差异。

文治的含义。文治是相对于法治而言的。法治是指一切管理过程和活动都以制度为基础、准绳；文治是指通过管理组织成员的思想（如信念、价值观等）来实现管理，是以文化来治理的一种简约说法。

育才型的含义。育才型领导是与师傅型领导、指挥型领导相对而言的。师傅型领导是师傅手把手地教，徒弟亦步亦趋地学，即照着前人的样子、领导的样子做；指挥型领导也称英雄型领导，领导无所不知，过多地

插手部下的管理工作和专业工作，依靠命令去安排部下的工作甚至是控制部下；育才型领导者总是充分授予部下各种权力，不越俎代庖，领导也会像师傅一样传授自己的看家本领，但更多的是提出工作标准，不断地为组织成员鼓劲，带领整个团队去获得成功。

内激的含义。内激是相对于外激而言的。在科学管理下，以外激为主，依赖于工作的外部条件；而在文化管理下，以内激为主，着重满足职工的自尊和自我实现需要，依赖于工作本身的魅力。

文化管理的人性假设。上表中认为文化管理的人性假设是“自动人”“观念人”假设，也有学者认为是“文化人”假设。所谓“文化人”假设是文化管理对人性的定位，认为人是一种受组织环境文化影响的动物，组织环境文化是自变量，人是因变量，有什么样的组织环境文化就有什么样的人。同样的道理，有什么样的学校文化就有什么样的教职工和学生。我认为，如果要谈学校文化管理，应该对学校中的师生给予“学校人”假设，因为学校与其他组织所面对的管理主体是不一样的。

（二）三种管理模式的其他差异

三种管理模式的差异除了上述较为全面的比较之外，还有一些其他差异，而且这些差异更多的是程度和侧重点的差异。

比如，人类在对经验管理扬弃的基础之上提出了科学管理，如今，人们又在科学管理的基础之上，再经过对经验管理和科学管理的扬弃提出文化管理。那么，文化管理与科学管理最大的差异究竟在哪里？黎红雷曾撰文指出，在管理中，人文管理主张以人为本，把一切对象加以“人化”，注意满足人的情感需求，突出情感的逻辑；科学管理则主张以物为本，把一切对象加以“物化”，强调人的理性特征，突出效率的逻辑。[①] 他所说的人文管理坚持以人为本，重视人的情感的满足，正是文化管理最核心的价值追求，因此，人文管理与文化管理具有同义性。科学管理突出逻辑理

① 黎红雷．“文化人”假设及其管理理念——知识社会的管理哲学［J］．中山大学学报（社会科学版），1999，39（6）：100.

性是有价值的，因为文化管理不是不要逻辑理性，只是在重视理性，即效率的逻辑的同时，更重视人的非理性需求，即情感的逻辑。之所以这样说，是因为文化管理是通过意义的诠释进行引导的一种管理，其意义的诠释一定是基于理性的，而意义的自觉则是情感的认同与满足的结果，没有师生对意义的自觉就没有文化管理，也不可能实施和实现文化管理。这是文化管理必然取代科学管理的原因之一。所以可以认为，文化管理与科学管理最本质的区别就在于，前者重视和突出情感的逻辑，而后者突出效率的逻辑。

又如，三种管理都有制度，但建立制度的原则、方式和目的是有较大差异的。从建立制度的原则看，经验管理强调传承，即已经形成的传统和成规；科学管理强调精细、严格和权威性；文化管理重视人性化、一定的弹性及人的发展性。从建立制度的方式看，经验管理从经验或常识出发；科学管理强调绝对的理性；文化管理从人的需求出发，研究人的社会属性和精神属性，从而制订制度。从建立制度的目的看，经验管理以追求社会和组织的秩序为主要目的；科学管理以追求生产效率为最重要的目的；文化管理是建立在以人的发展为主要目的的基础之上的。

不难发现，文化管理与经验管理、科学管理的差异是明显的。文化管理取代经验管理、科学管理绝不是改换概念，而是管理理论发展的必然、管理实践工作者之必需。

三、学校文化管理——追寻意义世界

（一）文化世界是意义的世界

中国社会科学院研究员司马云杰在他的著作《文化价值论——关于文化建构价值意识的学说》一书中明确指出“文化世界是有意义的世界”[1]。文化世界一定是有意义的世界，即文化世界构建的前提是对象或主体必须

① 司马云杰．文化价值论——关于文化建构价值意识的学说［M］．合肥：安徽教育出版社，2011：4.

具有意义。通常可以认为“世界”是一个关于“范围大小”或“空间大小”的概念或范畴，我们可以试着换一个自然科学中严密描述“范围大小”或“空间大小”的科学概念，即“集合”来帮助我们理解司马云杰的话，或许这样能更准确地把握这句话的内涵。

在数学上将特定的对象集在一起就叫作集合。依据集合的概念，我们可以将“文化世界就是意义的世界”换而言之为“文化的集合，就是有意义的集合”。也就是说，文化之所以成为文化，就是人们将特定的意义集在一起而构成的。例如，在中国的各民族文化中，无不认为治丧是悲事，婚嫁是喜事，但如何表达悲与喜，则差异巨大。在土家族文化中，有“跳丧”与“哭嫁”两说。村里的人死了，会有很多人围着安放逝者的棺材载歌载舞至少一天一夜；女子出嫁，会有许多姊妹与新娘一起至少哭上一宿。无疑，这种“跳”与“哭”是有其特定的意义的。无论古人是以何种意义构建了这种文化，抑或这种文化是构建在何种意义之上，但可以肯定的是，这特定的意义需要为土家人所共同接受才能流传至今。更重要的是，在人类文明程度愈来愈高的今天，土家人不会去追问“跳丧”与“哭嫁”的意义，因为这是文化，文化所承载的意义是固化的，是无须追问的。对此，司马云杰说得更直白：“一个生活在世俗社会文化环境中的人，他每天接受这些文化的价值和意义，是用不着思考的，或者说他按照这些文化所构建起来的价值意识是没有经过反思的，是直接的或直觉的，是感性的，非逻辑的。”[①] 我们还可以加上一句话，文化的世界是有其相应固定意义的世界，且在许多时候是无须追问其相应意义的意义世界。这更加明确地告诉我们要重视文化建构、文化管理。

（二）意义世界是价值的世界

哲学上讲客体具有某种价值，就是指对主体具有一定意义。马克思认为，“价值”这个普遍的观念是从人们对待满足他们需要的外界物的关系

① 司马云杰．文化价值论——关于文化建构价值意识的学说［M］．合肥：安徽教育出版社，2011：12.

中产生的。由此可知，价值是一种关系范畴，表示的是客体能够满足主体需要的一种客观属性，这种满足的本质就是主体从客体获得特定的精神、物质或其他的意义。例如，音乐满足了人精神上振奋、忧伤等多种情绪需要；杂交水稻满足了更多人在生理上填饱肚子的需要；飞机、高铁的快捷缩短了距离，满足了人们精神、物质的双重需求；等等。

如果从价值的分类做进一步讨论，同样可以得出意义的世界就是价值的世界。人们将价值分为目的价值和工具价值。所谓目的价值，就是满足了主体的一定需要本身，或者说是客体满足了主体对某种意义的获取或实现；所谓工具价值，就是实现一定满足或意义的条件，其本质上是具有实现意义的意义。

人类的价值世界主要是通过其价值观、人生观、世界观反映出来的。下面依次分述它们与意义及价值的关系。

1. 价值观的实质就是主体对客体意义的认识与选择

价值观是指在一定社会条件下，人的全部生活实践对自我、他人和社会所产生的意义的自觉认识，其核心是对人生目的的认识、对社会的态度和对生活道路的选择。[①] 一个心智健全的人不可能没有价值观，一个健康的社会不可能没有具有普遍适用性的积极向上的价值观。

从价值观的定义可以看出，价值观的本质就是人对意义的自觉认识。可以认为，在每个人价值观的核心范畴中，对人生目的的认识、对社会的态度和对生活道路的选择是意义自觉或意义判断后的一种认识、表达或选择。也就是说，因为主体这样或那样地认识人生的意义，因而这样或那样地追求人生的目的；因为社会对于自身的意义或认知的差异，而在不同的主体身上反映出不同的对社会的态度；人对生活道路的选择，是因为人认为某条生活道路或某种生活方式对自己更有意义。

2. 人生观是主体对人生目的、意义的认识及其所选择的人生态度

人生观就是人们对人生根本观点的总和。它的主要内容是对人生目

① 冯契．哲学大辞典（分类修订本）［M］．上海：上海辞书出版社，2007：833.

的、意义的认识和对人生的态度，具体包括生死观、苦乐观、公私观、义利观、荣辱观、幸福观等。我们可以这样来理解或分析人生观与意义世界的关系。首先，人生观是一个人意义世界的维度之一，是人生的意义与价值的反映；其次，人生观的本质是人生态度的选择，这种选择的依据是建立在主体对人生意义与价值判断的基础之上的；最后，人生观的具体内涵所囊括的每一个维度都包含两个对立的选项，如生与死、苦与乐、公与私、义与利、荣与辱、幸福与痛苦等。因此，社会中既有"为财死"的人，也有为了党和人民的事业而无私奉献的人，如此两种人生观，本质上就是人生目的、意义的巨大差异所造成的。所以，人生观也是人的意义世界的维度，是人生意义的具体反映。

3. 世界观是主体对世界及其意义的总的看法

世界观就是人们对整个世界即对自然界、社会和人的思维的总的看法，包括自然观、社会历史观、意识观等方面。人生观、道德观、科学观等是世界观的具体体现。世界观不同，人们在认识和改造世界时的立场、观点和方法就不同。世界观的基本问题是精神和物质、思维和存在的关系问题。

彼得·圣吉在《第五项修炼：学习型组织的艺术与实践》中说得好："假如我们把世界看成'自然资源'，我们就会去掠夺。假如我们把世界分成'中国人和外国人'（或美国人和其他国家的人），我们就会以防卫和保护自身利益的心态行事。假如我们把世界看成外在的'物体'，我们就会去摆布和控制。"对世界有什么样的认识，就会有什么样的思维及行为取向。这段话首先指出了世界观对于人的行为的意义，其次指出了世界观是世界对于人的意义的反映。所以，司马云杰说："自从人类创造了文化、文化世界之后，人的意识，连同他对外部世界思考所获得的价值意识，都是有意义的文化世界（包括形上世界）赋予的。"[①] 他非常清晰地告诉我

① 司马云杰. 文化价值论——关于文化建构价值意识的学说［M］. 合肥：安徽教育出版社，2011：14.

们，文化世界的产生是通过人的意识，思考相应的价值，最终赋予相应的意义所构成的。而结合价值与价值观的概念，则可以进行另一种几乎相同的推论，即文化世界的产生和构建是通过人的意识，思考并赋予相应的意义，最终确认具有相应价值所构成的世界。

（三）价值世界决定思维与行为的世界

在上述讨论的价值世界所包含的价值观、世界观及人生观的概念中，其核心分别是对人生目的的认识、对社会的态度和对生活道路的选择，这就非常清楚地告诉我们，价值观、世界观、人生观决定思维与行为世界，即价值世界决定思维与行为世界。

当然，如果从哲学层面继续深入地讨论价值世界如何影响或决定人的思维、行为方式，如果再进一步从价值判断、价值选择等层面做深入的剖析，我相信，任何人都不会否认价值世界决定思维与行为世界这个结论。就像霍夫斯泰德所述的价值观对人的影响一样，人的行为受价值观支配，并且多数时候这种支配并不为被支配者所觉察。这就是人的价值观及价值世界与人的思维、行为的关系，是一种典型的哲学意义上的主体与客体的关系。

正如司马云杰所说："文化世界较之宇宙之物理世界和生物世界，虽然是后来出现的，但这个世界一旦被人类创造出来，就不仅仅是一种自然存在的力量了，特别是对于人类，在人类把这个世界创造出来的时候，他自己也就不能为所欲为了。"① 事实上，在社会生活中，某些时候人们甚至仅仅是依据一定的文化所构建的意义、价值而进行思维和行动的。例如，人类所共有的对弱者的怜悯与同情之心、对灾难的帮扶与救助之行等，几乎没有人问为什么要同情弱者和帮扶难者，这实际上就是人类的共同文化使然，也就是共同的价值使然。

---

① 司马云杰．文化价值论——关于文化建构价值意识的学说［M］．合肥：安徽教育出版社，2011：4.

（四）思维与行为世界又反过来筑牢文化世界

霍夫斯泰德认为，人在早期阶段就已经获得了价值观，并且这些隐藏的价值观只能通过人们在不同场合中的行为方式来进行推断，如果你去问他们为什么要这么做，得到的回答可能是他们“知道”或者“感到”这样做是对的，他们的心灵或者意识告诉他们如何去做。① 的确如此，人们总像是只凭直觉（实际上是人们在生活和工作中约定俗成的文化）本能地进行思维和行为，这种“不问原因”的思维和行为更加筑牢了文化的世界，因为所有人都这样做。

（五）四个世界的循环圈

人类自身在进行一个永无休止的四个世界（文化世界、意义世界、价值世界、思维行为世界）的圆周性循环，如下图所示。

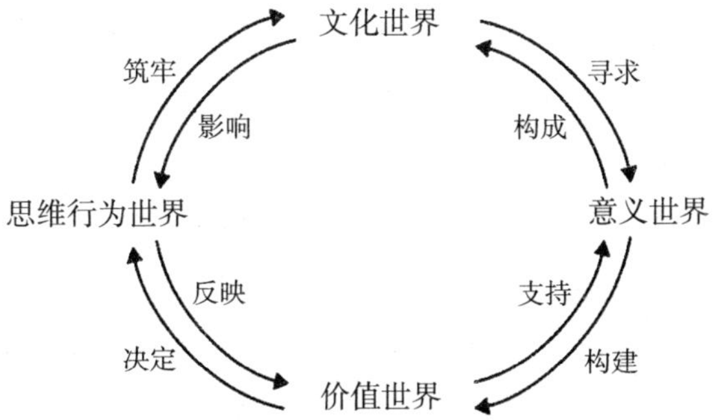

文化世界、意义世界、价值世界、思维行为世界的循环圈

人类所有思维方式和行为方式的出现或发生，都不会超越这个循环圈而存在和发生。

1. 四个世界的循环圈的基本解释

该循环圈有顺、逆时针两个圈，同时有多种运行方式。一是顺时针方向，即文化世界寻求意义世界→意义世界构建价值世界→价值世界决定思

① 吉尔特·霍夫斯泰德，格特·扬·霍夫斯泰德．文化与组织：心理软件的力量（第二版）［M］．李原，孙健敏译．北京：中国人民大学出版社，2010：10－11.

维行为世界→思维行为世界筑牢文化世界。二是逆时针方向，即文化世界影响思维行为世界→思维行为世界反映价值世界→价值世界支持意义世界→意义世界构成文化世界。三是顺、逆时针混合运行，即既可以先顺时针运行再逆时针运行，也可以先逆时针运行再顺时针运行，也可以折回运行。

文化的传递就是这样的。例如，20 世纪 80 年代，年轻人大都穿“喇叭裤”，现在已经不流行了，这就是一种文化现象消失的例子。但是，谁都不能保证一定不会再度出现“喇叭裤”流行的那一天。另外，圆周还有一个特殊的含义，就是可以从任何一点进入圆周性的循环，或是从任何一点出发进行圆周性的循环。

2. 管理者如何进入四个世界的循环圈实现其管理

人类就是在这四个世界的循环圈中不断进行思维和行为的，如果要使思维和行为方式做出改变，就必须要有客体或某些信息进入四个世界的循环圈，使个人或团队发自内心深刻地认同，即找到相应的意义，明确相应的价值，最后才会出现个人、团队或人类的思维和行为方式的改变。

基于此，管理者如何进行管理就有了答案。

答案只有一个，那就是管理者要将团队的需要转化为一定的信息，将其有意识地输入到团队中，使其进入团队或组织的四个世界的循环圈，这样管理就开始了，管理的作用就发生了。如果这种团队的需要，最后变成团队大多数成员的思维和行为，这种管理就成功了。如下图所示。

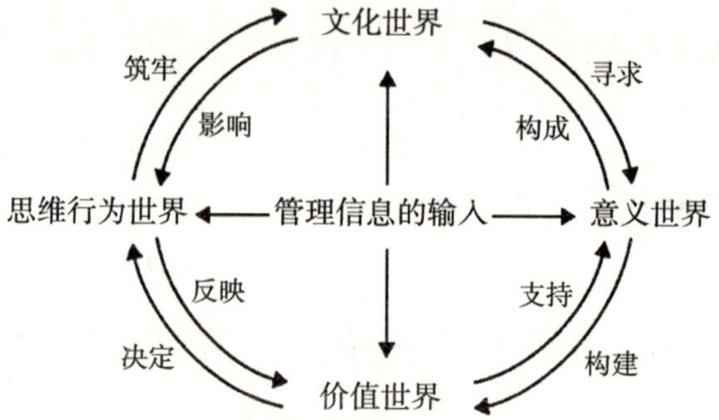

管理信息进入四个世界的循环圈

从上图中可以看出，管理者施加影响时，必须想办法将管理的要求从文化世界、意义世界、价值世界以及思维行为世界这四个维度中的任何一个切入，才有可能实施管理。就我的学校管理实践而言，从思维行为世界直接切入，逆时针方向于圈内开始循环的情况更多一些。但当信息进入上述循环后，到了师生那里，究竟是顺时针运行还是逆时针运行，有时就很难说清楚了。所以，我一般会将上级、学校或我个人的要求作为信息，直接传达给管理层、全体教师或全校师生，再分析为什么要这样要求，即在干部、师生的价值世界和意义世界中寻找共识和依据，再变为他们的思维行为世界，从而完成一项管理要求的初步落实。当然，管理信息在上述循环中是加强乃至固化，还是衰减乃至衰竭，情况则是千变万化的。

有意思的是，哪怕是这个团队只有两个人，也必须如此才能实现由一个人去领导、管理、改变、协调另一个人，形成合力，进而完成管理者一个人不可能完成的任务。

第三节　学校文化管理的层次理论

学校实施文化管理所达到的层次由低到高可以分为四层（或四级）。第一次为认同身份，是指学校或组织中的每个人都明确自己的身份，并认同自己相应的身份。第二层次为共同愿景，是指学校或组织中的成员有着相同的使学校或组织更加美好的一致的愿景。第三层次为契合组织，是指学校或组织中的成员为了共同愿景而主动地、自觉地发展和提高自己，以契合学校或组织的要求、需要，跟上学校或组织发展的步伐，从而推动学校或组织更好地发展。第四层次为定格品相，是指在一定学校或组织中熏陶过或成长起来的成员会打上相应文化的深深的烙印，并形成相应学校或组织所特有的文化品相，他们到了新的学校或组织中，将会影响、改变或同化他人、学校或组织，而自己却改变很少或几乎不再改变。

其中，认同身份是师生、学校发展与进步的基础；共同愿景是师生发展与进步的动力；契合组织是师生发展与进步的阶梯；定格品相是一定的学校文化作用于师生，或学校实施文化管理的必然结果。

一、第一层次：认同身份

（一）认同身份的含义与特征

1. 认同身份的含义

认同是指承认、认可。身份是指自身所处的地位。所以，所谓认同身份就是指学校中的师生承认和认同自己所处的地位。

人的身份有多重定位，许多时候也会因为时空的改变而改变。比如，有一批人同时到某地旅游，无论国籍、性别、工作性质等影响个人身份的因素有多大差别，但在这一时空，大家都有一个相同的身份，即普通游客。当然，与之相反的就是具有相同身份的人，在不同的时空会被赋予各种不同的身份。

但是，人的身份必须也至少有两种基本的定位：一种是个人（或私人）生活世界的身份；一种是公共（或社会）生活世界的身份。个人生活世界的身份定位基本取决于个人的理解和需要，其身份服从于每个人自己的意义世界；公共生活世界的身份定位主要源于与自己相关的他人对自己的身份定位，更多地取决于他人的意义世界。学校中每位师生的身份定位源自学校中其他师生及社会对其身份的定位。一定师生公共生活世界的身份与个人生活世界的身份相比较，若一致就称之为认同身份。如某人一直想当一名大学教师，而因为诸多原因只当了一名中小学教师，这就是非认同身份，反之则为认同身份。本书所论及的学校文化管理层次理论中的身份，主要是指学校师生在公共生活中的认同身份和身份定位问题。

2. 认同身份的特征

学校中的师生对认同身份的程度是显而易见的。比如，对自己的学校、从事的工作是否有自豪感，对学校是亲近还是疏离等都很容易观察到。具体来讲，在学校文化管理中处于认同身份层次的师生具有以下特征。

（1）恪守本分，这是认同身份最为重要的特征和表现。每一身份都有相应的职责和应当恪守的规范。比如，教师敬业爱生、为人师表；学生注重品德修养、端正学习态度。这是师生认同身份的典型表现。没有尽到自己的责任，或者不遵守应该遵守的规范，这是不认同自己身份的最典型的表现。

（2）不奢求超越身份以外的所得，这是认同身份的另一重要特征。比如，一名公务员如果想通过自己在资源配置方面的权力为自己获得更多的经济利益，那注定是会出问题的。同样，如果一名教师不好好教书，而是整天幻想着能够通过炒股票或买彩票获得巨大收益，过上优越的生活，这就是对自身身份不认同的典型表现。

（3）热爱自己的职业、学校和岗位是学校中师生认同身份的基本特征。认同身份是具体的、现实的。对学校教师而言，具有强烈认同身份感就是热爱“教师”这个职业，喜欢“老师”这个称谓；热爱自己的学校，即使在本无须上班的周末或节假日，也想去学校看看，转转；团结友爱同事，喜欢自己所任教班级的学生；等等。对学生而言，具有强烈的认同身份感就是喜欢学校生活，即喜欢上学；热爱自己的学校，如喜欢穿校服，愿意穿着校服或戴着校徽到除学校以外的地方去；喜欢班上的老师、同学，愿意和他们相处；愿意为班级出力，如运动会上拼尽全力为班级争得名次；等等。

（4）很少幻想自己曾经可能拥有但已经无法再次拥有的某种身份。这个特征相对于前几个特征而言，是更深层次的认同身份。其实，每一个人在一生的发展中都会遇到自己曾经难以抉择的事情，在进行相应的取舍以后，如果后续发展稍有不顺，被自己“曾经舍弃的选择”自然而然地就会成为最频繁的幻想，这是正常现象。但是，如果抱着那种现在已经不可能再次拥有的“曾经舍弃的选择”不放，这样的人就有可能沦为“祥林嫂”。具有这种身份不认同感的人，其实在许许多多的学校、团队中都存在，学校管理者必须高度重视，并加以引导。不过，特别需要说明的是，如果我们选择曾经可能拥有且通过努力可以再次拥有的某种身份作为个体或团队的目标而不断努力，以赢得他人、社会的认可，进而拥有自己所期望的公共生活中相应的身份，那将具有非常积极的管理价值。

（二）认同身份的力量与价值

霍夫斯泰德曾告诉我们：“有一些种族群体、语言群体和宗教群体，如果说不是为了国家独立而斗争，也是为了获得自己的认同身份而斗争。”[①] 事实上，那些要被剥夺身份而又特别认同自己身份的人，为了使自己的身份得到承认，可能会不惜流血牺牲，足见身份对人数的重要性。

---

① 吉尔特·霍夫斯泰德，格特·扬·霍夫斯泰德．文化与组织：心理软件的力量（第二版）［M］．李原，孙健敏译．北京：中国人民大学出版社，2010：19.

现实中的巴勒斯坦人便是典型。

在学校或团队中，让每名成员具有强烈的认同身份感，其价值或意义具体而重要。对于如何办好学校这一问题，不同的人会有不同的答案。但我认为任何好学校都必须依靠全体教职工的努力，要求所有的教职工必须爱岗，只有爱岗才能敬业，只有敬业才能保证每个教职工有好的工作业绩，只有每名教职工都有好的业绩，这所学校才称得上是一所好学校。反之，如果学校中的许多人不认同自己的身份，不仅自己做事不尽力，还希望其他人也别太积极、太先进，这样的学校是没办法办好的。所以，认同身份既是文化管理最基础的层次，又是最重要的层次。

（三）通过实施文化管理有效地激发师生认同身份

1. 利用学校取得的成绩或社会给予的认同，激发师生认同身份

利用学校所获得的荣誉或社会所给予的认同来激发学校师生对学校的认同感是最好的方式之一。

葛中就其社会影响面、知名度等来说都不及宜昌一中及宜昌城区另一所省级示范学校，很多学生被葛中录取后，并没有觉得光荣，反而认为是自己中考失利，迫不得已才选择就读葛中。因此，我调到葛中之后，特别注意在学校发展过程中不断寻找学校的闪光点，激发师生对学校的热爱之情，培养师生的认同身份感。

例如，2012 年 1 月 1 日出版的《三峡日报》，头版头条登载了宜昌市“万人激情长跑迎新年”的大篇幅的报道，所配的照片就是葛中师生参加长跑的画面。在看到这篇报道的当天，我便以学校办公室通讯员的身份写了下面这篇感想，并张贴于学校大门口。

整齐之师 雄壮之师 荣誉之师

上图（注：学校印发该文时配有《三峡日报》所发的图片，此处略）是《三峡日报》登载的“万人激情长跑迎新年”所配的大幅彩色照片。从照片中可以清楚地看到鲜艳的葛中校旗、身着葛中校服的同学及队伍旁边领跑的李克、杨劼等教师。

为什么要用我校师生长跑的照片作为宜昌市迎新年的宣传照片？我们

电话联系了《三峡日报》的相关同志，他们说："你们的队伍是一支整齐之师、雄壮之师，当然应当登你们的照片！"

是的，我们的队伍是一支整齐之师。在2011年12月31日宜昌市迎新年的两个多小时长跑活动中，我校长跑方队始终保持着三个"整齐"：着装始终整齐，尤其是后半程也没有人因为身体发热而脱下我们的校服及学校配发的白手套；队形始终整齐，这张照片实际上是已经跑了相当长一段距离以后记者随机拍摄的，但队伍仍然十分整齐；步伐始终整齐，只有整齐的步调与步幅才能保持前排排面的整齐。

是的，我们的队伍是一支雄壮之师。看，鲜艳的校旗异常显眼。那面红底黄字的校旗象征着我们学校的火红岁月与师生的火热激情；那面蓝底白字的校旗，代表着我们师生生活世界尤其是精神世界的宽广与博大。另外，同学们嘹亮的口号始终伴随着队伍前行，显得声势浩大、朝气蓬勃、威武雄壮！

据了解，参加此次活动的有一百多个单位，报社派出多名摄影记者随机拍摄了几百幅照片，最后选取我校长跑方阵的照片作为宜昌市"万人激情长跑迎新年"的标志性照片，我们有理由相信在那些新闻界专业工作者的眼里，我校师生的表现最能代表与反映宜昌人民迎接新年的昂扬士气与精神状态！我们有理由感到自豪，因为我们赢得了记者与编辑的认同，也可以说赢得了宜昌全市人民的肯定和尊重。

老师们、同学们，让我们记住：只要我们把能做好的事情做到极致，我们就可以获得尊严与荣誉。让我们继续努力，把每一件事情都做到极致，去赢得更多、更高的荣誉，做一支荣誉之师！

作为学校管理者，我写这篇报道的意图在于通过全市最有影响力的媒体的宣传与肯定，激发全校师生的自信心，促进师生对学校身份的认同。这种意义的挖掘与解读就是文化管理的一般做法。其实，不仅仅是在基础相对薄弱、师生或团队成员对自身认同身份感差的学校或团队中这样做非常有必要，即便是优秀的学校或团队，同样需要通过对师生或团队成员优异表现的不断肯定，来激发每个人的认同身份感。

2. 通过对学校发展辉煌历史的透视，激发师生认同身份

学校发展的辉煌历史是师生奋斗的写照。彼时此地的光芒对此时此地的师生的鼓励是有长足效果的。

葛中是一所办学历史不长，但办学成就辉煌的重点中学之一。葛中原名为“葛洲坝六中”，创办于1981年，是当时的三三〇工程局响应邓小平同志“早出人才，快出人才”的号召，在已有五所子弟中学的基础上，创办了这所葛洲坝工区的重点高中。学校创办之初，举全工区十几万职工之力，教师或从全工区的学校中选派，或从社会上的高中学校抽调，或从大学招进，师资队伍结构合理。当时，葛中的高考质量与宜昌市另两所省级示范学校相比，在将近二十年的时间里都不相上下，所以，学校于1993年被湖北省教委批准为湖北省首批命名的28所省重点中学之一。1999年葛洲坝集团公司将学校更名为“葛洲坝高级中学”。2000年，学校又被湖北省人民政府教育督导室、省教育厅冠以“湖北省示范高中”的称号，是宜昌市最早命名的省级示范高中之一。然而2000年之后，葛洲坝集团公司根据企业剥离社会职能的国家政策导向，对学校的投入越来越少，使得学校的硬件配备开始较大程度地落后于宜昌市的其他学校，致使工区内的大量优秀学生外流，教学质量和升学率也下降了。2006年，学校被移交给宜昌市教育局管理，市教育局部分领导为了祛除“葛洲坝”印迹，便将学校编入市属学校序列之中，更名为“宜昌市第二十中学”。

我在葛中充分发掘其过去辉煌的历史，并且通过更改校名及亲自撰写诗词记录学校发展历史的方式，激发师生的认同身份感。具体做法如下。

（1）将学校更名为“宜昌市葛洲坝中学”，让师生从新校名中联想到学校的辉煌历史，唤起师生的认同身份感。到宜昌市第二十中学（葛中）正式上班一周后，我发现教师对学校有一种较为严重的疏离感，缺乏对领导、学生及学校现状的认同。让教师认同自己的身份、找到自信，改变现实的办学条件和升学率都需要一个过程，最好的办法就是从学校发展的历史中去寻找。我慢慢地琢磨，思路逐渐清晰，若要勾起教职工对学校过去辉煌历史的记忆，最直接的办法就是恢复学校校名，至少要见到“葛洲

坝”这几个字。之后，我迅速在领导班子会上统一思想，接着以学校的名义请来葛洲坝集团公司副总经理，向他汇报更改学校校名的设想和具体办法。我提议用“宜昌市葛洲坝中学”这个校名，因为以“地名”加“学校学段属性”进行命名是一种惯例或通行的方法，可能很容易被市教育局和市委机构编制委员会办公室通过。经过半年的努力，2010 年 3 月底，我们终于获得正式批复。对于何时挂牌及启用新校名，我提议在 5 月 4 日。之所以选择这一天，就是期望新校名对于学校的发展能够像五四运动对于中国革命的意义一样深远而持久。这一天，宜昌市委、市人大、市政府、市政协、武汉地区部分高校、市直各友好单位及全校师生欢聚在学校操场，举行了隆重、热烈的挂牌仪式。

“宜昌市葛洲坝中学”校名的启用，对帮助师生摆脱学校发展处在最低谷的心理惯性，建立新校名、新班子、新开始的信心，增强师生对自我身份的认同起到了相当积极的作用。

（2）以诗词记录学校发展的光辉历史，激发师生的认同身份感。改了校名之后，我为了让师生对学校进一步产生归属感，进而激发其认同身份感，经过认真琢磨，将学校发展的历史写成了一首诗，题目叫作《源》。

源

1981 年，快出人才的春风吹拂神州大地
你饱满的种子在葛洲坝这片沃土孕育
1983 年，你破土而出
葛洲坝六中英姿飒爽，挺立三峡地域
1993 年，你已硕果满枝，香气远溢
跻身湖北省重点中学的行列
成为全省二十八分之一
2000 年，你戴上省示范高中的桂冠
苍翠娇媚，临风沐雨
2006 年，你又汇入宜昌市教育之林
再添新枝，神采奕奕

2010 年，你盛开出葛洲坝中学
依然和万里长江第一坝的名字合一
你一如初生时那般勃发盎然生机
这不禁让人们——
想起你昨天的灿烂
憧憬你明天的美丽

后来，学校将这首诗印在学校 2011 年和 2012 年的新年明信片上，其印数近万张。这种宣传在社会上形成了良好的舆论，加深了社会对学校的了解，增加了学校在社会的美誉度，同时也极大地激发了师生对学校的认同感。

（3）通过对学校硬件和面貌的改善，激发师生的认同身份感。葛中曾经有一座让师生引以为傲的体育馆，上下两层，占地面积约 3000 平方米，建筑面积约 6000 平方米。学校在 2006 年移交给宜昌市教育局以后，因为要招收较多的住校生，需要扩建学生宿舍及食堂，因此，市教育局领导决定，拆除该体育馆，腾出的地方建学生食堂和宿舍。学校另有五栋建筑，其中，一栋男生公寓很陈旧，南教学楼和办公楼都属于抗震不达标的建筑。在这种背景之下，我对学校硬件做了下面几项工作。

一是修缮学校门房，聘请专业保安，让师生及其他人走进学校，都产生一种神圣感和威严感。

二是新建学校办公楼，改善教师的办公条件。经过一年多的努力，一栋建筑面积 4000 平方米的办公楼建成了，全体教师搬进新的办公室。葛中由局属学校中最为拥挤、环境最差的学校变成了市直学校中办公条件最好的学校。

三是校门前广场改造工程。原来校门口有一块近 3000 平方米的草坪，我考虑应该栽种一片树林，让学校的科技馆和教学楼掩映在树林中，以增加学校的历史厚重感。于是，我提议在草坪上栽种了近百株树木，有银杏树、樟树、玉兰树、桂花树、合欢树等。在校门处还设计了一处景观，水从一块近 2 米高的巨石缝隙中流出，再沿着一条“小河”流入数十米远的水池中，各色的金鱼游弋其中，颇为漂亮。流动着的水预示着灵动、源源不断、生生不息。其背景是一块高 2 米、长 20 米的花岗岩贴面的屏风，屏风上阳刻了学校的办学理念。所有师生进出校园必经过屏风前，潜移默化中就会受到学校文化的熏陶。

（4）学校管理者要营造良好的舆论环境，努力提高学校的美誉度，提升师生的认同身份感。学校中师生认同身份感的建立与社会对学校的认同程度或评价有关。社会对学校的认同度高，更能刺激师生形成对学校产生自豪、亲密的情感，增进师生的认同身份感；反之，社会对学校的认同度低，则容易让学校师生形成对学校冷淡、疏离的情感，削弱师生的认同身份感。

社会对学校的舆论主要依靠三条途径来传播。一是媒体，如各类报纸、杂志、电视、网络等。二是与学校打交道的人，最主要的就是服务于学校的人和学校要为其提供服务的人。服务于学校的人，主要包括上级政府、教育行政部门、教育研究部门及为学校发展提供后勤保障的单位等。学校要为其提供服务的人主要是指学生、家长及其他需要学校提供服务的对象，其中学生是享受服务的人，家长是购买服务的人。三是教育界的专家及所有业内人士。学校一定要争取教育界专家的认同，因为他们有一定的威信，所说的话、所做的事能够引起别人的重视，容易使人信服。

二、第二层次：共同愿景

（一）共同愿景的含义与特征

1. 共同愿景的含义

《现代汉语词典（第 6 版）》对“愿景”一词的解释是“所向往的前景”。据此，可以认为“共同愿景”就是团队成员共同向往的前景。吴柏林指出，“共同愿景”的英文为 Shared Vision，本意是大家共同分享的、共同愿望的景象。他还认为，共同愿景由景象、价值观、使命和目标四个方面构成。[①]

关于学校的共同愿景，刘丽云、任建华提出，学校的共同愿景是所在学校全体教职员发自内心希望实现的愿望或景象。[②] 我认为，学校的共同愿景就是学校师生共同向往或期望的前景。

2. 共同愿景的特征

共同愿景是基于一定的学校（或团队）而言的，因此，共同愿景的特征本质上就是具有共同愿景的学校的特征。

（1）学校的每名师生将自己的工作、学习任务与学校的发展紧密地联系在一起。人本主义心理学家马斯洛晚年曾经认真研究过高效团队的共同特征，发现其最突出的特征就是团队成员具有共同愿景。他指出，团队成员的工作任务与自我不是相分离的，他们对工作任务高度认同，以至于其个人自我界定必须把工作任务包含在内。马斯洛的研究结论告诉我们，具有共同愿景的学校师生，必然将个人与工作、学习任务与学校发展紧紧地联系在一起，也就是将个人与团队的事业和声誉紧紧地联系在一起。他们时刻铭记自己的使命与责任，知道自己该做什么。

（2）学校师生之间存在着深切的关怀。具有共同愿景的学校中，每名师生会将自己与学校其他成员紧紧地联系在一起。因为自己的工作、学习任务的完成情况将影响整个学校目标的达成。同样，其他师生完成任务的情况也将影响到自己的任务完成和利益。因此，学校师生之间会发自真心地互相关怀与帮助，在这样的学校中，没有师生会感到孤单。

（3）学校师生之间都有较高的评价。具有共同愿景的学校中，每名师生不仅知道自己的价值，同样知道其他师生对于学校的重要价值。因此，在评价同事、同学时，每个人都会鉴于每个师生的重要价值而给予对方较高的评价，至少是客观的评价，绝对不会矮化或贬低。根据这个特征，只要与某一学校的师生一接触，就非常容易判断出该学校是否具有共同愿

① 吴柏林．公司文化管理［M］．广州：广东经济出版社，2004：52—56.

② 刘丽云，任建华．学校共同愿景的生成［J］．湖南大众传媒职业技术学院学报．2013，13（2）：105.

景。特别是当一所学校中有一部分人对学校领导的评价不高时，这个学校是不太可能存在共同愿景的。

(4) 学校师生之间对个人利益、得失看得比较淡。具有共同愿景的学校中，无论哪个师生获得利益、荣誉，全体师生都会为他高兴。因为获得荣誉，是缘于他为学校做出了贡献，因此，全体师生都隐性地获得了相应的利益。反之，如果学校中每个师生都斤斤计较，生怕别人比自己得到更多，这样的学校没有也不可能形成共同愿景。

(5) 学校的共同愿景具有多重性和时效性。共同愿景的多重性是指某一时期，一所学校具有多种共同愿景。比如，学校既有教学质量方面的共同愿景，也有长期发展方面的共同愿景。共同愿景的时效性是指随着时间的流转，某一共同愿景的实现导致学校产生新的共同愿景。

（二）共同愿景在学校文化管理中的价值

1. 共同愿景能凝聚师生并使他们感到学校生活的意义

学校发展的共同愿景既能使全体师生感受到学校的前景与希望，也会使他们感受到自己存在的价值与意义。葛中的共同愿景“让我们的学校更受社会信赖，让我们的师生更受社会尊重”是很让教师和学生期待的，因为每个人都希望社会及其他社会成员能够更尊重自己。因此，这种共同愿景是很容易建立起来的。

2. 共同愿景能防止师生产生个人消极愿景

共同愿景给师生群体指明了方向，使他们从学校整体的追求中找到自己发展的动力和方向。如果学校没有共同愿景，师生对自己未来的设想就会陷于保守，甚至导致个别师生产生消极愿景。消极愿景就是对于保持现状的渴望，但现实中教育的竞争是不允许有停滞的，停滞就会因别人的进步而出现相对的后退。有一次我与一位四十岁出头的男老师谈话，当我问他平时是否看书、学习时，他说：“我把化学课教好，把班主任当好就可以了。”初听似乎觉得言之不差，但细想，则是典型的“不进则退”的消极愿景。我接着问他：“如果一个孩子不愿意读书，你能给他多少条读书的理由？这些理由中有几条是你在工作以后经过学习和思考得来的?”他几乎不能回答。但他知道了同为化学教师及身为校长的我对他的期望。

师生个人的消极愿景，最常见的有“我做得再好又能怎么样”或“我之所以放弃，是因为没有人能够理解我、重视我或重用我”。师生的消极愿景对学校最大的影响就是会使学校会慢慢失去生机、活力，变得一天不如一天，师生在这样的学校中生活感觉特别压抑，精神萎靡不振。

消除消极愿景的最好方法就是学校建立为大家所共享的积极的共同愿景，依靠积极的共同愿景建立师生积极的个人愿景。

3. 共同愿景是弥合学校中竞争裂痕的黏合剂

竞争是现代社会的基本特征之一，更是社会进步的动力。彼得·圣吉认为，人与人的竞争是实现所要求的业绩的必要条件，没有人们的相互竞争就没有创新。”而且，竞争也是人类与任何一个生物族群得以延续与发展的动力，“物竞天择”说的就是这个道理。所以，在学校中应让教师之间相互竞争，因为竞争，教师备课会更加认真，上课会更加负责，辅导学生与批改作业会更加细致，工作的积极性会更强烈；同学之间要有竞争，因为竞争，学生听课会更加认真，写作业会更加仔细，学习的主动性会更强烈。

但是，如果出现过度的竞争，就会导致人与人之间的不信任。比如，学校在对教师的评价中过度强调学生的考试分数，甚至将学生的考试分数作为评价教师的唯一依据，就会在教师之间引发过度竞争。轻者有教师在集体备课时不发言，将自己知道的好的做法只用在自己班上，将好的例题、习题只在自己班上讲与练等；重者有教师在考试之前向本班学生透露试题，在监考时故意干扰其他班上的学生答题，阅卷时故意给其他班上的学生打低分等。

要弥合这种因过度竞争所带来的不信任，唯一的办法就是依靠强化教师群体或学生群体的共同愿景来实现。例如，为了防止教师之间的过度竞争，我到市一中任校长后提出，凡是高考后，在宜昌市综合质量评价获得第一名的备课组全体教师，在进行年度考核时直接确定为“优秀”。这项措施的实施，直接促成高三每个备课组的教师形成“共同努力，力争备课组在高考中夺得全市第一”的强烈的共同愿景。而这种共同愿景建立的最大意义，就是弥合教师之间因为过度竞争而出现的不信任，形成信任与合作的氛围。但现在可能面临的问题是基本上所有学科均获得第一名而导致“优秀”指标不够。但我相信全体教师包括该定而未被定为“优秀”等次的教师同样是幸福开心的。

4. 共同愿景还具有形成巨大凝聚力、孕育无限创造力等功能

吴柏林在研究后指出，共同愿景能够形成巨大的凝聚力，可以使员工“不顾一切地团结起来”。共同愿景能够孕育无限的创造力，“愿景令人欢欣鼓舞，它使公司跳出庸俗、产生火花”。彼得·圣吉曾说：“伟大的愿景一旦出现，大家就会舍弃琐碎之事。”这样团队成员将产生强大的内驱力，将注意力更多地放在美好的共同愿景及其如何实现上。共同愿景还能够创造未来的发展机会，基于全体成员共同期望的愿景能为学校未来的发展指明方向，提供机会。

（三）学校管理者如何设计和构建共同愿景

组织顾问查理·基佛说：“尽管愿景能激发热情，但建立愿景的过程并不迷人。”所以，学校管理者要精心设计，认真面对，这样才能构建有价值的共同愿景。

1. 汇聚、提炼个人愿景是建立共同愿景的基础

每个人在一定的阶段及生活、工作背景之下，都会有一定的个人愿景，即对任何一个人，不存在个人愿景的有无之争，只存在个人愿景的明确与模糊之分。

但是，某一组织在一定的社会背景之下，就不一定有愿景或共同愿景了。其典型的表现就是“人心不齐”，即每个人都有自己的“小算盘”，考虑的仅仅是自己能够从组织发展或运行中获得什么，而不管组织发展的未来是什么，甚至个人的愿景变成了如何以最恰当的理由“跳槽”到其他更好的组织中去。这种组织肯定是没有未来的。

通过对团队中个人愿景的汇聚与提炼，团队中的管理层才能提出由大家的个人愿景自然汇聚形成的团队的共同愿景。所以彼得·圣吉说："共同愿景是从个人愿景中结晶浮现出来的。"

我刚到葛中就感受到，葛中最大的现实问题是教学质量不高，必须要有一个让大多数教师和全体学生都能认同的教学质量的共同愿景。2009年的10月，我参加了在兴山县召开的宜昌市全市高中工作会议，会议下发了全市高考质量分析册。我通过分析册得知，葛中的本科上线率为59.33%，在全市排第9名。经过了一段时间的思考，我终于明确了自己的想法，于是向全体师生提出"让更多学生的第一学历——一本"这一葛中教学质量的共同愿景。

今天看来，这个愿景很容易成为全校师生的共同愿景。首先，因为排全市第9名，已经让所有的葛中教师失去了作为省级示范学校的荣耀感，教师又是具有强烈自尊的群体，因此，他们很容易将这个共同愿景与个人愿景结合起来。其次，在全校学生那里更容易得到回应，因为"第一学历——本科"给每个学生未来的发展留下了相当广阔的空间，若学生选择追求更高学历，他们具备报考研究生的条件；若学生选择参加工作，在没有设定重点大学或"211大学"等限制的单位，同样具有资格。这种好处和利益于学生是看得见、摸得着的。葛中的实践也证明这个共同愿景是切合当时师生的个人愿景的。因此，"让绝大多数学生的第一学历——本科"这一葛中教学质量的共同愿景，是基于现实社会背景之下最好的选择或答案。虽然功利色彩明显，但确实符合学生未来人生发展的需求、愿景，也符合教师在同行、在社会赢得尊严的需求、愿景。因此，这个共同愿景是汇聚全校师生个人愿景的产物。

2. 保持适度张力是构成共同愿景的必要条件

团队中共同愿景的提出和产生，必须保持愿景与现实之间适度的张力。若张力太小，即愿景就是现实或接近现实，这种愿景便不能称为愿景；若张力过大，便无法激励师生，很容易让人知难而退，很快就会失去共同愿景的价值和意义。因此，只有保持适度张力的共同愿景才能成为真正的共同愿景。

让我们对葛中“让绝大多数第一学历——本科”这一教学质量的共同愿景的张力大小做一个简单的分析。基于2009年葛中本科上线率59.33%的现实，我们的标准绝对不能满足于现状，必须提高上线率。一方面，若将共同愿景设置为“让本科上线率达到60%”，则现实与共同愿景之间张力过小，不能激起师生的努力。另一方面，其实学校当时还面临“一本”上线率3%左右，全市排名第10名的“残酷”事实。那么，如果学校提出“让30%左右的学生上一本”这样一个愿景，按照学生的实际学习能力和教师的备考组织能力，这目标实在难以达到，可能被师生看成“天方夜谭”，现实与共同愿景之间的张力过大。因此，“让绝大多数学生的第一学历——本科”这个愿景张力适当，很容易成为教师及绝大多数学生的共同愿景。

3. 用已有共同愿景的实现催生下一个共同愿景

一个共同愿景的实现要经过一定的过程，当师生经过共同的艰苦的努力将其实现以后，新的共同愿景就需要随之酝酿与产生了。例如，葛中师生经过四年的努力，本科上线率达到93%，“一本”上线率已达20%左右，下一个共同愿景就应该是“让绝大多数学生的第一学历——一本”。

（四）通过实施文化管理实现学校共同愿景

1. 共同愿景的产生与确立离不开文化管理

共同愿景最初一般来自学校的主要领导、领导班子或管理团队，但也可以来自普通教师、学生等。但学校管理者要善于把大家心灵深处的共同意向挖掘出来，善于把特级教师、高级教师、优秀班主任等多年积累的教育教学经验进行概括与提炼，善于把教师的奉献精神、教学风格凝练成学校文化，进一步构建学校共同愿景。这种凝练能力是学校管理者的基本功，对学校共同愿景的构建至关重要。

比共同愿景的凝练与提出更重要的是共同愿景的分享与实现。彼得·圣吉认为，愿景的源头并不重要，它得到分享的过程才是关键，在与整个组织员工的个人愿景相联系和沟通之前，愿景还不是真正的“共同愿景”。[①] 因此校长、学校管理层将一定的愿景与师生的个人愿景进行联系、沟通、分享，这是构建共同愿景的关键所在。而这种联系、沟通、分享，必须也只能依靠文化管理。因为文化管理高度重视全校师生意义自觉的特征，不断地让师生进行意义的理解和自觉构建，从而将一定的愿景变成学校师生的共同愿景。

葛中提出的“让绝大多数学生的第一学历——本科”这一教学质量的共同愿景，纵然可以给每个学生都带来益处，但还是有一些学生对社会和未来抱有其他想法。因此，对学生进行“本科文凭”意义的诠释和引领必不可少。我在给全校学生宣讲该共同愿景时，讲了下面一段话。

据凤凰网爆料，中央电视台在网上发布了一则招聘启事——保卫处要招聘 4 名工作人员，在任职要求中明确提出“大学本科及以上学历，公安、消防相关专业毕业者优先考虑”的条件。

既然中央电视台招聘保卫处工作人员能够开此“本科文凭”要求的先河，等到我们同学未来就业的那一天，会不会出现自己稍微感兴趣一点的职业，都要求是本科学历？我想应该是有可能的。所以，请老师们与同学们一起努力，将“让绝大多数学生的第一学历——本科”变成我们葛中这一时期内师生的共同愿景。

这种意义的诠释和引领是实施文化管理的必要条件，更是师生构建共同愿景的必要条件。可以这样说，依靠行政命令构建共同愿景是毫无意义的，如果采取强迫性的措施还会适得其反。因为共同愿景不是显性的、可度量的，而是隐性的，它隐藏于师生内心深处，所以，共同愿景的建立只能依靠管理者，尤其是学校领导反反复复地对师生诠释和宣传，与师生分享共同愿景的意义以及实现共同愿景的价值等，这样才能将一定的愿景变成共同愿景。共同愿景的产生和确立是以每个师生的意义自觉为基础的，意义自觉必须依靠文化管理。

---

① 彼得·圣吉．第五项修炼：学习型组织的艺术与实践［M］．张成林译．北京：中信出版社，2009：211.

2. 共同愿景的达成也必须依靠文化管理

要使学校师生为共同愿景而努力，学校管理者必须坚持文化管理，让共同愿景能够如植物生长一样，在师生心中生根、开花、结果。为此，管理者需要做到以下几点。

（1）不断发掘共同愿景对学校全体师生新的意义以强化愿景。共同愿景的提出与产生依赖于愿景带给师生的意义，但是，如果意义没有得到新的发掘或诠释，师生便会对意义的价值及实现共同愿景的努力和追求出现“高原反应”，即到一定程度便停滞不前。因此，学校领导及管理团队要高度重视对共同愿景新意义的发掘。这样的发掘在理论层面通常会难一些，所以应该更多地用师生身边的案例来进行强化。例如，我到市一中的初期，提倡教师自编导学案和作业，但有部分备课组的整体编写质量不高，于是学校组织评比以推动这项工作。在评比中高一英语备课组和高二物理备课组均获一等奖，而且这两个备课组在全市期末统考中的成绩也处于领先地位。这种导学案及作业的编写质量与考试成绩的关系，正说明了认真编写导学案和作业的意义和价值。通过发掘这一新的意义，可以促使其他各备课组更加认真地对待自编导学案和作业这项工作。

（2）用对共同愿景的不断接近来鼓励全校师生，指明实现共同愿景的可能性。例如，对于葛中教学质量的共同愿景的实现，当高三年级某次考试较前一年或前一次有较大进步时，我会安排分管教学的校长在全校进行鼓励；如果考得较前一年或前一次进步不大甚至有所退步时，我一定会亲自去给高三学生讲评，找到成绩不太理想的原因，再给他们打气、加油。

（3）学校领导及中层干部要以身作则。共同愿景的达成与实现必须以文化管理为基本管理方式，因此，管理者的工作不应该是监督、控制下属，而是要与师生一起为了共同愿景的实现去拼搏和奋斗，指手画脚只会使师生认为管理者并不是追求共同愿景的同路人，使师生对管理者失去信心。

（4）以学校师生中的先进人物激励全体师生。

我到一中工作一个月以后，便在全校推行自编导学案和作业的教学改革，这是我们实施课程改革的基础性工作。在全校推行之前，我对这一改革的意义进行了深入的研究和分析，得到绝大多数教师的认同，因此，这项工作一开始进展得比较顺利。但是，一个多月以后，问题就出现了。教师反映得比较突出的问题就是“工作量大，太累”。校长在这种时候不能听之任之，必须有所作为。“有所作为”的基础即文化管理的基础或第一步——调查研究。于是我找来各位备课组组长，逐一谈话。

在摸清情况后，我组织召开全校备课组组长会议，我说：“学校推行自编导学案和作业的改革，遇到了一些困难和阻力，主要就是老师们反映工作量加大了，太累。对此，我只讲两点。第一点，老师们自编导学案和作业应该是本分，因此不存在‘累不累’的问题。如果硬说‘累’，那就是教师这个职业选错了。再说，过去每个人都是自己写教案自己用，现在是一个人写一份教案，整个备课组的老师用，应该说工作量减少了，而不是增大了。第二点，如果是年纪大的老师说‘累’，还可以理解；如果年纪轻轻就说‘累’，那我就不能理解了。高二物理备课组组长洪继兰老师，今年50岁，高二物理所有的导学案和作业，全部由他一人编写。更值得一说的是，大家去看看他编写的质量，在教务处组织的评比中，高二物理的导学案得了第一。年纪大的同志承担了导学案和作业的全部编写工作，都没有叫‘累’，我们其他同志觉得‘累’，是不是有点不应该？所以，大家不应只考虑这项工作本身有多重，更多的应考虑这项工作重要不重要，大家自己去寻找这项工作的意义，自己去发现这项工作的价值，这项工作就可以在每个备课组都开展得更好、更顺利，老师们就会变得轻松，而不是‘更累’了……”如今市一中的导学案，每个备课组都做得非常好，只需稍加整理就已经具备可以正式出版的水平和质量。

（5）通过外界对学校的积极评价和师生自我的积极评价，激发师生对学校共同愿景实现的价值和意义的认识，这是推广愿景的一剂良方。在不断推进共同愿景实施和实现的过程中，学校管理者还必须经常将社会、家长、上级主管部门对学校的积极评价带到学校来，与师生一起分享。因为积极评价最容易让师生感受到自己的价值与尊严。当然，师生自我的积极评价对共同愿景的实现同样重要。学校管理者应该创造轻松的氛围，让师生自我评价成为一种重要的评价方式，减少一些制度性评价或控制性评价。

三、第三层次：契合组织

（一）契合组织的含义与特征

1. 契合组织的含义

《现代汉语词典（第6版）》对“契合”一词的解释是“① 符合。② 合得来；意气相投。”“契合组织”的字面意思就是个人与组织合得来，或者说个人符合组织要求。

学校中的契合组织是指学校中每个师生根据学校发展的需要，设计自己发展和努力的方向，并为之进行不懈努力的成长过程。契合组织在本质上也是每个师生所表现出的一种发展自觉。例如，我所熟悉的一位英语教师非常敬业，虽为名牌大学毕业，但她的口语不太好。于是，她连续利用两个暑假的时间，悄悄去北京“新东方”参加口语培训。这位教师的行动就是契合组织的典型做法。

2. 契合组织的特征

（1）每位师生都朝着学校的愿景和目标坚持不懈地努力。学校确定了共同愿景和目标后，教师和学生会想方设法地努力达到，不管过程中遇到什么困难和挫折，都能够坚持下去。

（2）学校中的师生思考的是如何将学校的要求落实得更加到位。学校通过实施文化管理，全体师生在共同愿景的推动下，师生个体会按照学校的需要主动将工作落实到位，这就进入了主动契合组织的层次。

2013年3月的一个星期五，学校开完全体教职工例会以后，已是下午6点多钟。我从办公楼出来，看到一位送盒饭的师傅，提着装有六七盒盒饭的袋子站在学校办公楼门厅，我问她送给谁，没等她回答，在我身后响起高二年级英语备课组组长的声音：“是送给我们高二英语备课组老师的。”

我问："怎么不回去吃饭呢？"

她说："月考刚刚结束，我们加班判卷，回家吃饭耽误时间。我们争取在晚上十点之前将成绩交给年级组。"

这就是典型的契合组织的做法。学校要求大小考试后教师务必及时反馈，这样有利于学生将知识掌握得更牢、成绩提高得更快，但是并没有要求大家不回家吃饭。英语备课组的全体教师的这种做法正是契合学校的表现，也是学校通过文化管理让教师深刻认识了及时反馈对学生学习的意义之后的反映。

（3）全校师生全身心地投入到工作和学习中。学校中的教师和学生契合组织最重要的特征就是全身心地、心无旁骛地投入到工作和学习之中。比如，契合学校的教师会在可以自由支配的时间待在学校，特别是节假日、周末、早晚自习等时间；契合学校的教师会选择把很多精力放在自我学习、教育科研、钻研教材、备课等事情上，以丰富自己的思想，提高教书育人的能力，为上好每一节课做准备；契合学校的教师会选择勇挑重担，如争当班主任，多代课，即使是本职工作以外的工作也积极完成……一句话，只要学校需要或学生需要，契合学校的教师就会站出来，为学校、学生发展贡献自己的智慧和力量。

（二）契合组织在文化管理中的价值

1. 契合组织是汇聚组织成员力量，形成推动组织发展巨大动力的源泉

一个组织要发展壮大，要形成推动组织发展的巨大动力，只有一个办法，那就是汇聚全体组织成员的力量。在学校中，就是要让每一名教师、学生共同契合学校发展，共同贡献智慧和力量，只有这样，学校发展才会有不竭的动力。

2. 教师契合学校可以更好地实现人生价值，增加幸福感

中小学教师在学校中生活，应该说还是存在很多局限性的。一是空间的局限性。教师每天在教室、操场、食堂、办公室几个地点之间往返与活动，一般很难超出这个范围。二是教学内容的局限性。学校以国家课程为

主安排教学活动，其课程内容相对固定，一般都无法超出教学范围进行其他安排。三是时间的局限性。中小学教师的时间很紧，能够自由支配的时间非常少。正因为这些局限性，教师才更应该主动契合学校发展的需要，扎扎实实、兢兢业业地工作，努力做出成绩，得到学校、家长及社会的广泛肯定。只有这样，教师才会在为学生生命成长提供帮助的同时，彰显自己生命的价值，或者说在实现为国家、民族育人的社会价值的同时，实现自身的个人价值，进而增加身为教师的幸福感。

3. 师生契合学校可以超越学校发展中现实办学条件的限制

每个师生的能量和力量是有限的，每所学校的办学条件也是有限的。但是，只要师生体谅学校的难处，契合学校发展需要而不懈努力，就可以超越学校发展中现实办学条件的限制，迸发出超过师生个体能量的能力和力量。

我到葛中上班半个月左右，发现师生最缺乏的是精神和士气。根据我的经验，最能振奋精神和士气的是体育，于是，我希望从某一体育项目上有所突破。通过分析发现，宜昌市体育项目中，篮球影响最大，但已经有两所学校在这个项目上占有强势的地位。在足球项目上，葛中占据明显优势，但省市两级已经基本不再举行足球比赛，水平再高也没有证明和展示学生能力的平台，当然，从2014年习近平同志提出“足球进校园”后，其情况又有很大变化。我想到可以发展学校男子排球项目，恰好葛中的师生课余都比较喜欢此项运动。于是，我组织体育组教师和分管学生工作的校长一起商量，我们认为，虽然城区有一所学校有室内排球馆，也有一支在坚持训练的队伍，但他们在省里的名次很低，这说明宜昌市在该项目上还是有相当的潜力的。最后，大家一致同意发展学校男子排球项目。

2009年9月，葛中男子排球队正式成立并开始训练。在不下雨的天气里，师生就在水泥场地上进行训练，他们练得特别起劲。但是，师生练得越起劲，我越心疼，因为在水泥场地上训练特别容易受伤，于是，我决定改善训练条件。经过7个多月的努力，学校筹资50万元，于2010年5月修建了一个室外塑胶排球场和一个塑胶篮球场。这使排球队的师生欢欣鼓舞，训练的劲头更足了，训练的效率也更高了。

2010 年 6 月，宜昌市举行男子排球比赛，葛中男子排球队一举夺魁。随后 2010 年的暑假，学校又参加了全省的排球比赛，最终夺得全省第二名的好成绩。2011 年以后，学校的排球队一直保持全市第一名及湖北省第一名的绝佳战绩。

葛中男子排球队在各方面条件都不占优势的情况下，之所以能够战胜一个又一个训练条件好、训练时间长的队伍而屡获冠军，所依靠的就是契合学校发展需要的决心。他们所迸发出的能量和力量超过了他们的能量和力量的简单相加，这就是实施文化管理中契合组织的价值。

（三）学校管理者如何创造适宜师生契合组织的环境

1. 学校首先要尽量契合教师，才能促使教师更加主动地契合学校

师生生活在学校中，或多或少地会对学校有一些要求。在不损害学校其他人的利益和学校发展的情况下，实施文化管理的学校应当尽量满足师生的合理要求，即学校应先契合教师，这样才可以促使教师更加主动地契合学校。我在葛中工作的最初两年，一位×老师前后发生的巨大变化就证明了教师和学校相互契合的重要性。

×老师以前工作比较消极，常怨天尤人，自我意识强，团队意识较差，教学效果一般，常常遭到家长投诉。她喜欢旅游，每当寒暑假学校安排补课或其他阶段性工作时，她都会请假去旅游，导致教务处主任、年级负责人、与她同带一个班的班主任十分不满意。

但是，两年后，学校分管教学的向校长对她做出了这样的评价："工作积极，能主动担任班主任工作；一心扑在工作上，每天很早就到校；做学生的思想工作很耐心，很有方法；教学及班级管理都得到学生及家长的高度认可；合作意识强，得到教务处、年级组同志的认同。"

向校长在分析她变化的原因时认为："学校评价制度的改变、学校文化的优化、周围工作氛围的改变，促使她发生了变化。学校要求教师'以更加优化的自我赢得更加广阔的生存空间'（注：这是葛中对学校教师队

伍建设的愿景之一），为她的转变提供了很好的外在条件。她原来对现状不满，把原因归结为外界，所以常怨天尤人；她现在对现状也不满，但不再找外界的原因，而是努力优化自我，使自己成了一个受学校、学生、同事、家长喜欢的人。”

此外，我注意到另外两件事或许对她的影响更大。在我初到葛中工作的两年时间里，×老师先后向我提出过两个个人要求，站在学校的角度来考虑都很难办，但我最后还是同意了。一是她希望在学校举行一个个人摄影作品展，作品是她当年暑假去非洲旅游的系列照片。当时我初到葛中，考虑到要争取教师们对我的信任，而且认同教师的想法和要求对转化教师的态度也有帮助，于是，我答应了她的要求。二是她女儿念高三的那一年，她想请假去杭州陪女儿参加培训班学习。我考虑到以后还有很多教师的孩子也会念高三，便没有答应她。但与她商定，让教务处只安排她带一个班的课，她可以将课安排好，再利用节假日或周末的时间去陪孩子。

我想，她的转变与这两件事情能够如她所愿有一定的关系。学校只有先契合教师，教师才会契合学校。对学生来说亦如此。

2. 营造相互了解、理解、关怀、亲近的氛围

若想让学校中的师生主动契合学校，学校就必须营造相互了解、理解、关怀、亲近的氛围，因为只有与值得信赖的人一起工作、学习，他们才会时时想到学校，才会主动契合学校。所以，我在葛中实施文化管理的过程中，特别重视营造人与人之间相互了解、理解、关怀、亲近的氛围，即培植一种亲情文化，进而培养师生对学校的亲近感，促使他们主动契合学校。如举行教职工新春联欢晚会，并且自己也粉墨登场，为广大教职工献上祝福和歌声，其乐融融，其情融融。

3. 让学校中正直勤勉的人成为偶像、英雄人物

霍伊和米斯克尔认为，可以通过分析象征符号、人造器物、礼节、仪

式、偶像、英雄人物、典故、礼制和传说等，对学校文化进行解释。[①] 这清楚地告诉我们，偶像、英雄人物等可以对学校文化进行解释，是学校文化的载体或缩影。那么，谁是学校中的偶像、英雄人物呢？学校中被表彰及被提拔任用的师生就是。

一般而言，一位组织成员努力地契合组织，最直接的动机就是为了得到组织的承认。组织承认个人的方式有很多，最好的方式就是让他成为组织中的偶像、英雄人物。因此，学校中谁成为偶像、英雄人物事关重大。试想，如果一所学校多是溜须拍马、投机要滑的人成为学校中的偶像、英雄人物，那么这一所学校中，一定会有善于溜须拍马、投机要滑者步其后尘，而正直勤勉、扎扎实实做事者的积极性及认同感就会大大降低，他们会对学校感到失望。显然，这样的学校是不可能有希望和未来的。

正因为学校中的偶像、英雄人物都会受到一定程度的追捧，因此，学校管理者应该尽量保证学校所树立的偶像、英雄人物的品行与成就符合学校发展的要求与方向，让绝大多数人向偶像、英雄人物学习，使学校发展得更快、更好。

四、第四层次：定格品相

（一）定格品相的含义与特征

1. 定格品相的含义

所谓定格品相，是指一定主体在一定文化的浸润下，形成并被固定下来的文化气质和风格。学校的定格品相是指学校中的个体在一定学校文化的长期熏染之下被固定下来的文化品相。

2. 定格品相的特征

（1）师生认同学校的一切决策和行为，没有或少有抱怨学校的人。师

① 韦恩·K. 霍伊，塞西尔·G. 米斯克尔. 教育管理学：理论·研究·实践（第7版）[M]. 范国睿主译. 北京：教育科学出版社，2007：167—169.

生在学校中长期生活，熟悉、认同学校的一切习惯和惯例，认同学校的一切决策和行为，就不会去抱怨学校。因为他们已经形成和熟知了学校行事的价值观、习惯、信念、惯例等。这就是文化，这就是文化的力量，这也是一定文化长期熏染的结果。

（2）师生与学校融为一体，见一人可窥其学校，见学校可知其全员。师生的文化品相就是学校文化的缩影，他们的表现和行为无不透着学校或学校文化的印迹。比如，南开中学从立校之初，张伯苓校长等创始人就确立了校训、容止格言等学校文化的核心内容。其容止格言“面必净，发必理，衣必整，纽必结；头容正，肩容平，胸容宽，背容直。气象：勿傲，勿暴，勿怠；颜色：宜和，宜静，宜庄”，真可谓匠心独具。这种文化不断浸润，成为南开中学及其师生的精神风貌，使一代一代南开人的品相均定格于此。

（3）人们长期生活在一定文化背景下，很容易促成定格品相，之后人们会在其定格品相的惯性下不断复制原来的自我，很难改变。例如，东方大部分教师高度重视给出结论或答案，西方大部分教师则高度重视在教学过程中引发或促进学生的思考，这种东西方教育方法差异的根本原因就是教师文化品相的定格就存在差异，而这种品相定格差异的根源就缘于东西方教师各自的鼻祖，即孔子和苏格拉底。

孔子的教育思想集中体现在《论语》之中。在这本书中，几乎所有的篇目开篇都是“子曰”，而这种“子曰”给出的正是结论或答案。《论语·先进》中讲了一个故事，孔子与几个学生坐在一起，让每个学生谈自己的志向。有的学生说要带兵，有的学生说要治国，其中，曾点说：“暮春三月，春天的衣服已经穿在身上，约上五六个成人、六七个小孩，在沂水里先洗澡，在舞雩台上吹吹风，然后一路唱着歌走回来。”孔子长叹道：“我赞同曾点的主张呀！”这就是孔子的习惯，最后变成了全体中国教师的习惯。在没有对错或无所谓对错之间，教师总要给出一个标准答案，这渐渐地也成了学生的习惯。

苏格拉底采用“产婆术”教学生。他不会给学生现成的答案，而是通过诱导学生参与相关讨论，让学生从苏格拉底不断的反问、反驳中明白道理，得到答案。“学生问苏格拉底什么是善行”的教学案例就可以证明这一点。[①] 苏格拉底与孔子的最大区别就是，他不给出结论或答案，而是在教学过程中重视让学生在分析与思考中自我领悟，得出答案，与孔子的教法正好相反。

（二）定格品相在文化管理中的价值

1. 引起微波炉效应，降低文化管理成本

所谓微波炉效应，就是借助微波炉原理，既节约能源，又能够“热得快”（具体内容见本章第四节）。任何学校都会对师生有相应的要求，包括实施科学管理的刚性要求和实施文化管理的软性要求。学校提出的要求很重要，但在师生那里能够落实多少才是最重要的。一个具有一定学校文化品相的人，他能始终认同自己的身份，深刻地理解学校的共同愿景，主动地契合学校对师生的要求。学校对师生的要求与每个师生的文化品相相符合，很容易引起微波炉效应，因此，不需要对文化管理进行太多的意义诠释，就能让师生明白并形成统一的意志和行为，这能使得管理成本大大降低，也最容易促进和谐校园的建设。

2. 打造宗教般的学校团队

所谓宗教般的学校团队，其本质就是在这样的学校团队中，所有的师生有共同的信仰、价值观、行为准则和行为方式，对学校忠心耿耿，为了学校团队的利益可以不惜自己做出牺牲。当学校有某种需要的时候，几乎不需要再进行意义的诠释，师生都会主动去付出和奉献。通过文化管理使绝大多数师生最终实现学校发展所期望的定格品相，就可以打造宗教般的

---

① 学生：“请问什么是善行？”苏格拉底：“盗窃、欺骗、把人当奴隶贩卖，这几种行为是善行还是恶行？”学生：“是恶行。”苏格拉底：“欺骗敌人是恶行吗？把俘虏来的敌人卖作奴隶是恶行吗？”学生：“这是善行。不过，我说的是朋友而不是敌人。”苏格拉底：“照你说，盗窃对朋友是恶行。但是，如果朋友要自杀，你盗窃了他准备用来自杀的工具，这是恶行吗？”学生：“是善行。”苏格拉底：“你说对朋友行骗是恶行，可是，在战争中，军队的统帅为了鼓舞士气，对士兵说援军就要到了，但实际上并无援军，这种欺骗是恶行吗？”学生：“这是善行。”

学校团队。

（三）学校管理者如何创设适宜师生定格品相的土壤

定格品相无须专门培养，师生在相应的文化之下，其品相自然就会慢慢定格下来。学校通过文化管理，长时间地让所有的师生在健康的文化下学习、工作和生活，师生就会自然形成健康的文化品相。所以，学校管理者要在学校精神、办学理念、文化内核的引导下，把握好学校文化的前进方向，保证学校文化的土壤无“污染”。只有在这样的学校文化中培养出来的人，其定格的文化品相对于个人的未来才是有意义的，对于现在的学校、未来的单位才是有用的。

例如，美国西点军校不仅培养了上千名陆海空将军，还是企业家的摇篮，从西点军校走出的高级管理人才在世界500强企业中的任职人数超过了其他任何一所商学院。这是为什么呢？西点军校对学生要求的标准是“爱国、准时、守纪、严格、正直、刚毅”，学生定格的文化品相自然就与学校的要求相一致。他们之所以在军界与商界有同样杰出的表现，就是自然熏陶的结果，并非学校管理者刻意为之。

第四节　学校实施文化管理的基本原理

学校实施文化管理的基本原理包括微波炉原理和搭乘电梯原理两个。

一、微波炉原理

（一）生活中的微波炉

1. 微波炉的工作原理

微波炉是能够利用食物在微波场中吸收微波能量而使食物被加热的烹饪器具。它的工作原理主要有以下两点。一是电磁振荡原理。微波炉内的磁控管通过电磁振荡能产生每秒钟振动频率为24.5亿次左右的微波。二是共振原理。微波炉产生的微波，其频段与食物中的水分子的固有振荡频率相当。

2. 微波炉的工作特点

微波炉的工作特点是热得快，热效率高。微波炉开启时，食物中的水分子会在微波的作用下产生受迫振动并迅速达到共振，剧烈运动的水分子碰撞食物中的蛋白质、纤维素、淀粉、油脂等大分子，使食物温度迅速升高，从而达到蒸、煮、烤制或加热食物的目的。

3. 微波的特性

微波炉内所产生的微波是一种很有“个性”的，能量比通常的无线电波大得多的电磁波。它的主要特性有以下几个方面：金属不能传导和吸收该微波，它碰到金属只会发生反射；该微波可以穿透塑料、玻璃、陶瓷等绝缘材料，且能量不会损耗，所以，食物适宜用塑料、玻璃碗、陶瓷碗盛装，而不宜用金属（如不锈钢）碗盛装；该微波不能透过含有水分和大分子的食物，但能引起水分子的共振，其能量被水分子传递给食物中的大分子，这样食物就被加热或被制成熟食了。

（二）文化管理意义上的微波炉原理

微波炉原理是指学校管理者将学校管理的要求和意图等相应的管理信息提出后，能够在师生那里产生共振，即能引起所有师生最广泛、最强烈的共鸣，进而很快变成师生共同的思维和行为方式，加快实现和达到学校目标。

（三）微波炉原理对学校实施文化管理的启示

一是文化管理的核心就是将一定的管理要求编制成符合师生能力、需求、意愿及学校现实条件的信息。运用微波炉原理进行文化管理的核心是信息的编制，信息编制得好，就容易被学校师生所接受，并产生共振，管理要求就容易落实，学校目标就容易实现和达成。所以，学校管理者所提出的管理要求应适当，如果过高或过低，发出的管理信息就很难在学校师生那里引起共鸣，到头来只能是事倍功半。反之，如果相关的管理要求恰如其分，即与师生的能力、需求、意愿及现实条件相一致，发出的管理信息就会在学校师生那里引起巨大的反响、共鸣与支持，其结果肯定是事半功倍。因此，实施文化管理的过程中，管理者所编制的管理信息必须具有适切性，这考验管理者的能力和水平。

二是管理者要为管理要求的落实或实施创造必要的条件。正如生活中所使用的微波炉必须有一定的元件组成一定的系统一样，管理者为了达成管理要求，也需要相应的人力、财力等资源的合理配置，还可能需要将“交流电”变成“直流电”，即善于将有限的资源转化为任务达成所必需的资源。

三是合理的管理要求必须编制出相应的能引起学校师生意义自觉的信息。这要求学校管理者必须充分研究和了解师生的需求，只有满足了师生的需求，才能促进师生的意义自觉。承载管理信息的要求，一定要能穿透师生对管理要求所可能产生的层层自我保护心理，直达他们的内心，并形成相应的意义自觉，才能收到好的管理效果。

二、搭乘电梯原理

（一）搭乘电梯原理的含义

搭乘电梯原理也可称为最终目的地原理。搭乘电梯需要与电梯进行“沟通”，“沟通”的内容其实只有一点，那就是通过电梯内外的按钮选择，告知电梯自己想到达的最终目的地。而有一些人却将与电梯“沟通”的内容分割开来，即只告诉电梯如何运行，而忘了告知自己想到达的最终目的地，这就会导致电梯运行并未按乘梯人的想法运行和到达，反而误了行程或计划。

（二）搭乘电梯原理对学校实施文化管理的启示

搭乘电梯原理对于学校实施文化管理的启示就是，学校管理者在学校管理中进行有效沟通时，应先告知他人管理者的最终目的，再告知该怎么思考和怎么做。实际上，由于人具有主观能动性，管理者只需要告知他人最终目的即可，无须告知他人该怎么思考和怎么做。

在市一中的学校管理实践中有这样一个例子——管理者只规定了怎么做，未讲清这样做的目的，使本来一项很好的管理措施，却因为不应有的操作而产生了负面影响。

2013年9月，市一中学校大门前因为道路施工实行半幅通行，致使学校后门外并不宽的马路的通行压力骤然变大。中午时间，特别是星期三的中午，有许多家长会来校给住校的孩子送一顿午餐，因此更导致学校后门的马路在这一天中午常常要堵上半小时。学校经过研究决定实行接换餐盒方式，即安排专人接收家长送来的餐盒，再统一将餐盒交给学生，以减少和缩短家长在此等候学生的时间，接换餐盒的时间定为11点半至12点之间。学校召开了相关的学生会和家长会，还专门印发了家校联系单，应该说准备得还是比较充分的。

但是，事实上，有一些家长因为特殊的原因在规定时间内未能赶到学校，而我们负责收餐盒的师傅却坚持过时就不收。结果，家长与师傅们大吵大闹起来。

后来我追踪这个案例时发现，我们只是由学工处通知有关的师傅去做这件事情，却没有告诉他们这样做的目的，所以就出现了师傅们在12点之后不接换餐盒而与家长发生矛盾的事。

后来我们向师傅们告知了学校这样做的最终目的，是为了减少家长送了饭而在学校周边马路聚集等候孩子的时间，进而缓解道路通行的压力。后来整个运行中就再也没出现过类似矛盾和错误了。

文化管理是基于人的管理，人具有能动性，如同搭乘电梯一样，告知最终目的，行为主体就会结合自己的实际能力及管理者——客体的需求，进行相应的理解性的回答或完成。在实施文化管理的过程中，如果将一个最终目的肢解成具体动作或操作，忽视人的主观能动性，那么文化管理的最终目的的实现就会困难重重。

第三章

学校文化管理中学校文化的基础性框架构建

学校文化是学校文化管理的核心，构建学校文化的基础性框架是学校文化管理的基础。学校文化主要包括学校精神、文化内核、办学理念、课程文化、优良学风、基本制度六个方面。

第一节 凝练学校精神

一、何为学校精神

学校精神是在长期的教育实践中积淀起来的，反映学校价值观并被全体师生所认同的群体意识和精神力量。学校精神是学校师生共同价值观和信念的体现，是凝聚学校师生、推动学校更好地发展的最重要的精神力量。它所承载和显现的是学校师生工作、学习的一种心理状态，是师生工作、学习的士气的一种表达和反映。

二、市一中的学校精神及解读

市一中以“超越自我”为学校精神。之所以以“超越自我”为学校精神，源于 2014 年高考成绩揭晓，市一中结束了长达 8 年屈居第二名的历史，再度回到第一名的“宝座”上。市一中的未来将向何处去，是记住掌声而停下脚步，还是再造掌声而勇往直前，我们班子成员及全体中层干部经过讨论认为，我们虽然重拾高考质量第一，但我们不能仅做超越兄弟学校的第一，而是要永远做不断超越自我的第一，也就是说我们要以超越自我为学校精神。

我第一次给市一中全体师生解读“超越自我”的学校精神，就是在 2014 年 9 月 1 日秋季学期的开学典礼上，是这样讲的。

每一个人或每一个团队都必须有精神，我们市一中的学校精神就是“超越自我”。

为什么要以“超越自我”为学校精神？人类具有不断超越自我的本

性，因此，人类热衷于为自己设置各种“竞技”活动，如四年一届的世界杯汇聚了全世界人的目光，也着实让球迷们疯狂了一把；还有“竞智”活动，如各种各样的考试和智力游戏，赛的就是智力；还有“角力”活动，现代体育当中仍然存在着摔跤、柔道等项目，不可否认在这些体育项目当中也包含智力的成分，但是更多的是体力的较量。其实这些竞技、竞智及角力活动都是人类挑战自我并超越自我的本性使然和表现。

人类进步与发展的历史就是一部自我超越的历史。在 20 世纪 30 年代以前，一次流感爆发常常会夺走成千上万人的生命，而今天的流感，因为人类在 20 世纪之初就发明了青霉素，所以可以轻易杀死流感病毒，现在大家已经感觉不到流感的威胁，患病后只是感到一周左右的不舒服而已。当然，今天人类还是碰到了一些新困扰，比如，令人谈之色变的艾滋病，已经夺走了无数人的生命，但是，2013 年 3 月，中国科学院广州生物医药与健康研究院和清华大学、香港大学的科学家共同在艾滋病疫苗研究领域取得突破性进展，现在看来，人类在艾滋病防治方面同样实现了自我超越。上述事实不仅证明人类历史就是一部自我超越的历史，更应了先秦时期荀子在《劝学》中所说：“君子生（性）非异也，善假于物也。”同样，“人类生非异也，善假于物也”，人类和其他族群没有什么不同，要说有不同，就是作为人类的我们善于对外物加以利用。人类正是在对外物加以利用的过程中，实现着对自我的不断超越。

超越自我是长时间且强有力的积极愿景。彼得·圣吉在《第五项修炼：学习型组织的艺术与实践》一书中提出了“积极愿景”这一概念。所谓积极愿景（目标）是你可以掌控的，比如说，我要学习，我要超越自我，这是自己可以掌控的愿景，就是积极愿景；而要超越别人，你就不一定能掌控，因为别人是否发展，其发展的速度和加速度有多大是由别人掌控的，因此，建立超越他人的愿景只能是被动的、消极的。

以超越自我为目标，更重要的原因是因为这个目标符合市一中现实发展的实际和需要。市一中现在的发展已经达到了相当高的水准，以今年的高考为例，数学和英语学科无论是高分段还是平均分，均位居宜昌市第一，文科综合同样列宜昌市第一。理科670分以上的绝对高分学生有9人，并列宜昌第一；文科600分以上的有23人，位居宜昌市第一；上一本的共668人，其大名单已经赫然张榜。在这种背景之下，我们是停歇还是超越？很欣慰的是，我们从高一年级就已经提出，要尽全力争取让所有的学生上一本，这就是以超越自我为目标。

超越自我，是优秀者的必然选择。信息学奥赛主教练陈凡老师2013年培养的五名学生获得了全国一等奖，全省排名第二，市县绝对第一的好成绩，但陈凡老师依然带领自己的团队，潜心研究，为的是超越自我。而对于平凡者或相对落后者，超越自我更是不二选择。因为，超越他人的本质是不断超越自我的结果。

重视超越自我的人，不会因为别人的表现优秀而相对矮化自己，也不会把别人当作上限。我曾经和学工处的同志探讨过，市一中任何一名学生被学校评为“三好学生”，并把喜报送回该学生的初中母校，没有一位初中老师会感到意外，因为我们的学生在初中本来就是很优秀的。反过来，如果放在我们学校当中，班上10%的学生是“三好学生，容易接受”；40%的同学是“三好学生”，勉强可以接受；90%的同学是“三好学生”，会觉得不可思议，这就叫相对矮化。实际上我们都是非常优秀的，上一本的不应该只有668人，上北大、清华的也不应该只有8人。有同学一次考试考了第一，就认为上北大、清华有把握或有很大希望，如果考了第十名，就认为自己上北大、清华的希望很小或没有，这是不对的，是没有关系的关系，只有你自己决定你能不能上北大、清华，只有你自己决定你能不能上一本，不是由相对的排名是第一名还是第十名决定的。

我们应该在哪些方面超越自我呢？

因为每个“自我”不一样，每个“自我”所面临的问题必然不一样，因此，每个“自我”所必须超越的问题或内容也并不相同，但还是有一些具有共性的可超越的问题或内容。

第一，方法的超越。这里我想谈一谈学习方法，如改错本的使用，有的同学认为将自己已经懂的问题再写一遍是浪费时间。今年襄阳四中的省理科状元以及我们学校2名在高考中数学考满分的同学，在谈到学习经验时都提到了使用改错本。同学们有这个习惯的需要坚持，没有这个习惯的同学，在方法上就要如此去超越原来的自我。超越自我对于教师也一样，即使是相当优秀的教师也是如此，一定要时时刻刻问自己：我能不能做得更好?

第二，习惯的超越。每个人都生活在自己的习惯之中，要改变很不容易。有的同学中午习惯用全部时间学习，但我希望所有的同学和老师都保持午休的习惯，用脑的人不午休，下午就会不太清醒，做不好事情。因此，学校实行强制性午休，中午需熄灯一段时间，具体午休及熄灯的起止时间由各年级自己确定。再如高效的习惯，人一生的学习是一个不断积累的过程，一个晚上可以学会解一道题，但不会使你某一方面的知识得到极大的丰富，加之人类的知识又在不断地发展和更新，要想在学习和吸纳知识的过程中永远有主动权，关键就要养成高效的习惯。这就告诉我们，不要将每一分钟都用于学习，而要用好学习的每一分钟。其实，这又是一个习惯，就是专注的习惯。可以说，高效做事习惯形成的诀窍就是专注。专注就是要100%地投入，就是全力以赴。今年5月一个星期五的下午，天下着暴雨，高二、高三年级的同学却酣畅地进行着足球比赛，我想他们肯定很惬意，因为个个全力以赴，个个都专注于比赛本身，因此，他们也很快乐。

第三，兴趣的超越。兴趣需要培养，学校现在正倡导大家练字。有同学说，我不喜欢书法，没有兴趣，又不当书法家，不想练字。但我们每一位同学都需要工整地书写，所以这个兴趣就必须培养。同样，我们还要培养对音乐的兴趣。学校广播台将开辟一个“音乐博览”栏目，介绍一些国内国外、古典现代的名曲，准备了120首经典名曲，一周一首，以三年为周期循环播放，这是熏陶，是教育，更是全面贯彻教育方针。同学们在认真地了解这首乐曲的曲名是什么，作曲者是谁，作曲的年代是什么时候，演奏的方式是怎样的时，就实现了成长与进步。之所以这么做，是因为一个人的创造力与艺术修养有很大关系，同一首乐曲今天听和明天听不一样，心情好的时候听和心情不好的时候听不一样，每一次欣赏都是一种创造性的理解。大家都知道爱因斯坦喜欢音乐，爱拉小提琴，爱因斯坦可以成为我上述命题成立的依据之一。有同学可能会问，爱因斯坦喜欢音乐是不是个案？中国的大科学家是这样吗？钱学森应该算中国的大科学家之一，他喜欢音乐吗？回答是肯定的，因为他的夫人蒋英女士就是著名的女高音歌唱家，原中国音乐学院声乐系副主任。

第四，意志的超越。人的一生成就的大小主要是由意志力决定的。美国心理学家刘易斯·推孟在20多万儿童中挑出了1500名天才儿童，他和他的学生在长达30多年的研究中发现，这些天才儿童最后成功与否，成为大人物、平凡人物还是乞讨者，与智力差异无关，最根本的原因是意志力和坚持力的差异。在困难的时候，在不顺利的时候，在已经疲惫的时候，你能不能坚持才是关键。孟子说过“天将降大任于斯人也，必先苦其心志，劳其筋骨，饿其体肤，空乏其身”，生动地说明了要成功是困难的，由此可见意志力的重要性。因此，有人得出结论：成功的路上并不拥挤，因为坚持的人不多！

其实还有许多要超越的，比如，处事方式与能力的超越，即怎样和他人相处；心态的超越；等等。

总之，我希望每一位师生在新的学年都能够超越自我！以实现我们市一中对自我的超越！

三、学校精神的强化

学校精神不是一经提出就可以成为学校精神的，它需要一个长期的不断对师生进行强化的过程。校长对学校精神的强化是校长的必修课，是全体师生的必修课，也是学校实施文化管理所必需的。而对学校精神的不断诠释，正是这门必修课的重要内容。例如，2016年春季学期开学典礼，我以“远见、意志、激情、智慧：我们超越自我的阶梯”为题，阐述我们如何能够实现对自我的超越，如何能够光大和彰显市一中的学校精神。这也是我代表学校对师生强化学校精神的一例。

远见。远见就是远大的眼光，开阔的视野，能够看到自己的未来，并且能够为自己的未来而努力。

我一直认为，人有远见是人性的光辉之一，只有人才具有预知未来和为未来做准备的远见。著名国画家黄永玉先生，他 1940 年就投身革命，在上海参加“左翼”运动，“文革”时期受到巨大冲击，但他仍然保持着积极向上的个性。在劳改农场，他躲在被子里打着手电筒给他的夫人写诗——《老婆呀，不要哭》。当他看到一些老友先后辞世，他自诩自己是晚上八九点钟的月亮，静静地、淡淡地看着人生的一切。最后，他挺过了“文革”。这就是远见，能够看到未来，看到希望，不以一时的痛苦遮蔽自己的人生与未来。黄永玉先生直到 90 岁还做巨幅的画卷。他说，自己在“文革”中错过了人生创造力最旺盛的时期，现在不能再错过了。

有的同学可能认为谈远见有些“高大上”了，但我认为对每个同学而言，远见确实是一个现实的问题。例如，学习英语的目的究竟是什么？有些同学可能没有思考过，有些同学会认为就是学习英语就为了高考。没错，高考考好英语可以获得很多的东西，但是仅仅停留于此是不够的。有些同学可能认为是为了掌握母语之外的另一种语言，是帮助我们获得信息的另一条渠道，若停留于此，是略有远见的同学。如果认为学习英语是为了获得一种文化及其感知方式，对世界多一分了解，这又是更高的一个层次。最高的层次可能还在于获得一种新的思维方式，汉语说“请坐下”，英语说“坐下，请”，这不是表达顺序的问题，而是思维方式的问题。以学会一种思维方式为目的的英语学习，才是有远见的学习。

意志。意志是决定达到某种目的而产生的心理状态，往往由语言和行动表现出来。意志表现在行动上就是一种坚持力，是一种坚定的力量，对每个人的成长都具有非凡的意义。

1948 年，牛津大学举办了一场关于成功秘诀的讲座。演讲者是丘吉尔，当时第二次世界大战刚刚结束，丘吉尔身为“二战”时期的首相领导英国人民取得了反法西斯战争的巨大胜利，是名副其实的成功者。这次演讲，三个月以前就开始炒作，各界人士翘首以盼。报告当天，整个会场人山人海，水泄不通，各大新闻机构到齐，欢呼声经久不息。丘吉尔说："成功的秘诀，第一，绝不放弃！第二，绝不、绝不放弃！第三，绝不、绝不、绝不放弃！我的演讲结束了！"然后，丘吉尔走到台下，会场沉寂了一分钟，爆发出经久不息的掌声。

那么，同学们呢？不要错误地认为，努力几天就肯定会考好。不是努力就能成功，而是一直坚持不懈地努力，才能够成功！当你坚持住、挺过来以后，那种感觉是极其轻松和美妙的。

激情。激情是一种强烈的情感表现方式，是由内心的理想、希望、期盼等情感生发出来，并反映在人的表情和行动中的一种人类活动。一个充满激情的人，一定是一个善于打动自己的人，一定是一个蓬勃向上的人。

20 世纪末期，美国通用电器公司迎来了公司史上最年轻的董事长兼首席执行官杰克·韦尔奇（上任时 45 周岁），在任的 20 余年中，他将公司的市值从 120 亿元增至 1570 亿美元。他在公司是从一名电气工程师逐步成长起来的，他看透了大公司的拖沓冗长之风，决定再也不要那些死气沉沉的计划书，而是要提供计划的人坐在自己的面前。在杰克·韦尔奇看来，只有有激情的人才是有创造力、能够成就更大事业的人。

那么如何拥有激情？我觉得，第一，充沛的体能是产生激情的物质基础或者说是"硬件"。第二，激情源于热爱，也有人说是源于信仰。第三，激情可以相互传递、感染，或者说可以相互激发。

智慧。我们通常认为智慧就是老话所说的"巧劲"，就是把力气用在点子上，或者说就是要"巧干"。但我更以为，在许多时候，我们也需要一些"拙劲"，一些笨拙中的坚持是另一种智慧或更大的智慧。

我们先说说用"巧劲"的智慧。学习中需要"巧劲"的智慧就有很多。比如，知识巩固的时间、方式，概念的学习，提高自己的运算能力等，这些都需要"巧劲"。

但是，很多时候也需要"拙劲"。有这样一则寓言：一群青蛙去爬一个很高的铁塔，爬了一会儿很多青蛙就停下来了，又爬了一会儿绝大多数青蛙都停下来了，因为实在是太高了，许多青蛙都知难而退。这时候，青蛙们忍不住了，不停地大声喊：“太高了，爬不上不去的！”但最后还是有一只青蛙不停地爬呀爬，它最终爬上了塔顶，最后，人们才知道这只青蛙是个聋子。保证自己在遇到困难时，不受消极情绪的影响，坚持一步一步地往上“爬”，肯定可以到达顶点，这就是“拙劲”。事实上，总是一些把问题看透以后不犹豫的人，在别人看来是很傻的人，这种充满“拙劲”的人，恰恰是最先或唯一到达顶峰的人。这是真正的智慧，真正的“弄拙为巧”。而那些自认为已经弄懂、看透，无须再做努力的人，倒成为弄巧成拙的人。

类似的不断地对学校精神的新的诠释，是学校师生精神面貌的润肤剂，只有经常滋养才能使每一位师生始终容光焕发、精神饱满、神采奕奕。

第二节　发掘学校文化内核

一、何为学校文化内核

所谓内核，就是物体的核心，可以比喻主要内容或事物的实质。文化有内核，如儒家文化的内核就是“仁”，关公文化的内核就是“忠、义、仁、勇”。学校文化亦然。学校文化的内核就是学校文化的实质，是构建学校文化的准则。

二、葛中的文化内核及解读

葛中的文化内核是“向上、向善、向美、向和，求学、求是、求真、求实”（以下简称“四向”“四求”）。

（一）“四向”的文化内涵

“上”，《说文解字》中解释为“高也”。“向上”就是无论在什么时候，永葆上进之心、进取之心；对自己、对他人、对事业、对未来永远充满自信和美好的期待；敢于挑战和超越自我，永不懈怠，不断进取。

“善”，为善良、完善、善于等意。“向善”，既要求我们常怀善良之心、恻隐之心，也要求我们对待人和事皆从积极的一面去解读；又指一种美好、完善的境界，以及好的方法和乐于从事的态度。

“美”，从哲学意义上讲，是人们从具体事物中发现、彰显、界定和抽取出来的有别于丑的相对抽象事物或元实体。“向美”是以健康向上的活动为载体，培养学生健康美好的身心素质、朴实积极的生活态度、高雅向上的审美情趣。

“和”，为和谐、和睦等意。《说文解字》中指出：“人，天地之性最贵者也。”“向和”强调人的作用和人与人之间的关系。做人处事，一定要有宽容之心，多一些理解与认同；倡导、弘扬和而不同的君子之风。

“四向”是学习、工作的一种精神、状态、目标和追求，也是一种态度、方法，在实现过程中互为保障。

（二）“四求”的文化内涵

“求”是设法得到之意，即追求、探求、求索。《孟子·告子上》曰：“求则得之，舍则失之。”它体现的是一种永不言弃的积极态度，是不达目的不罢休的豪情。

“求学”是师生来到学校的目的，求得学问，求得知识。

“求是”是在教育活动中，要以认真负责的精神、实事求是的态度、科学严谨的方法，把学生培养成善于寻找规律、掌握规律、应用规律的人。

“求真”是追求和追寻客观的情况、状态，真实的存在，事物的本真。

“求实”是要善于抓落实，肯实干，讲实效，求实绩。

其中，“求学”是总的目的，“求是”“求真”“求实”是达到目的的具体实践过程、载体、条件。

为了将学校文化的内核明确地告诉一届又一届的葛中人，我撰写了一副对联，将其用木板雕刻后挂在学校办公楼大门的两侧。

向上向善向美向和澄性灵化暗是皎

求学求是求真求实启心智育昧为慧

上联中“化暗是皎”出自唐代房玄龄等著的《晋书·右勒载记下》：“大丈夫行事，当礌（磊）落落，如日月皎然。”及宋代朱熹的《朱子语类》卷七十四：譬如人光明磊落底便是好人，昏昧迷暗底便不是好人。故曰“澄清本性和灵魂，化解内心之‘暗’为皎洁、光明、阳光”。

下联中“育昧为慧”出自汉初贾谊的《新书·道术》中对智慧的界定：“深知祸福谓之智，反智为愚；亟见窕察谓之慧，反慧为童（蒙昧）。”

值得注意的是，这里的“智”“慧”不仅仅是指对知识的吸纳，而是指对人的综合能力系统的培养与陶冶，是人对身边乃至社会所发生的变化的敏锐感知、发现与预见，也就是“素质”的教育与培养。

这幅楹联，是我对教育和学校的理解和认识，承载着我的教育诉求及教育理想，是我对我们学校文化内核所做的一个注脚，也是我们葛中人办学几十年经验的概括与总结，还是未来以至永远追寻的教育的方向，又是我对全校学生、老师，特别是对我个人的要求。

“四向、四求”是我校学校文化的内核。它立意高远，意蕴丰厚，既根植于历史，又切合时代，还昭示着未来，所以我们相信它将流传至远，永葆青春！

三、学校文化内核的价值和作用

学校文化内核在文化管理的实施过程中具有相当重要的价值和作用。学校文化内核是学校文化丰富和发展的基点，指引着学校文化建设和发展的方向；能解释学校业已形成的所有优良文化现象；能反映全校师生共同的价值观及精神追求；能解释学校及校长的办学目标、理念、行为及治学精神、态度与原则；能由此产生学校持续发展所必需的凝聚力。① 例如，葛中的学校广播台为学生生日点歌的文化由无到兴，又由兴到废，就是以葛中文化内核为判断依据的。

2010 年 11 月的一个中午，我和学生进行例行的师生午餐会，这期间有学生提出学校广播台可以为学生安排生日点歌。我觉得让学生之间相互祝贺生日，符合我校“向和”的文化内核的要求。另外，对一些学生而言，与家长半年左右才能见一次面，这样做可以以同学之情弥补亲情的缺失。于是，我当即表态可以马上提交学校行政会讨论。第二天，经过讨论，学校行政会同意每月分三次为生日在当月的学生送祝福。团委迅速组织实施，学生反应良好。

① 付全新．澄净性灵 开启心智［J］．语文教学与研究，2010（5）：127.

但是，三个月后的一个周六的晚上十一点，一位家长给我打来电话：“付校长，我儿子这么晚了还没回来。”

我问：“他干什么去了？跟你说了没有？”

他说：“说是给同学过生日去了，吃了饭还要去唱歌。儿子还说，下个月他过生日的时候，让我一定要多给他点钱，同学们现在过生日一个比一个搞得上档次。”

……

我这才知道，学校广播台为学生送生日祝福后，学生们觉得仅仅是相互祝贺生日还不过瘾，便出现了互相请客的现象，在相互请客的过程中，又开始相互攀比。经调查，有的学生安排生日宴会，竟花掉家长数千元。

这种生日文化已与学校文化内核“向上”不符。甚至还有学生是被“敲竹杠”，不得已而请客，这也不符合学校文化内核中的“向善”“向美”与“向和”。于是，在星期一早上的升旗仪式上，我以学校文化内核为依据向学生进行了解释，并叫停了学校广播台的生日点歌栏目。

学校文化内核的价值不可小觑，学校管理者要精心梳理、提炼、发掘学校文化的内核，发挥好文化内核的价值和作用。这是学校实施文化管理的需要，更是学校育人的需要。

第三节　明晰学校办学理念

一、何为学校办学理念

理念是指认定和追求的某种目标、原则、方法等。学校的办学理念就是学校办学所认定和追求的目标、原则和方法。理念是观念层面的东西，是行为的起点。郭元祥教授说："理念，idea，即理想和信念。办学理念，即学校的教育理想和教育信念。具体而言，理念，即概念、观点、观念或思想及其价值追求的集合体，理念就是一整套概念体系或观念体系。办学理念，即学校发展中的一系列教育观念、教育思想及其教育价值所追求的集合体，是学校自主建构起来的学校教育哲学。"① 我非常赞同他从集合的角度来定义理念。我认为办学理念就是学校办学的概念、观点、观念或思想及其价值追求等数个集合的交集所构成的集合。

二、市一中的办学理念及其解读

（一）市一中的办学理念

市一中的办学理念是"自我教育，终身发展"。

（二）市一中办学理念的理论性解读

其一，"理想性"。该理念最终期望师生能够实现在学校乃至未来社会生活中，不断通过"自我教育"进行永无止境的"终身发展"。其二，"目

① 郭元祥．论学校的办学理念［J］．教育科学论坛，2006（4）：5.

的性”。市一中办学的目的、存在的目的乃至所有学校存在的目的，就是每个师生直至每个人都需要实现“终身发展”。其三，“观念性”。学校教育是“自我教育”，教育者只能通过引领来实现教育目标，而不是强迫、压制，也不是包办。因为任何人的发展、进步都是通过“自我”的努力而实现的。其四，“动力性”。“终身发展”是通过“自我”实现的，更是基于“自我”而言的，只有“自我”才能把握自己的现在，决定自己的未来。

（三）市一中办学理念的产生、继承和创新

市一中是一所文化底蕴深厚的百年老校，其发展过程中沉积了学校此前的办学理念“全面发展，终身发展”。我到任以后就一直在思考：这个办学理念只有目标，或者说只有对学生发展结果的展望，没有对教育过程或特点的回答、关照。作为一个教育实践工作者，我更在乎的是我们如何实现学生的“全面发展，终身发展”，也就是说，应该使人们通过这个办学理念知道实现目标的路径，最好还应该关照到对教育的性质的认识。经过一年多的大量阅读与苦苦思考，受哲学家怀特海在《教育的目的》一书中“学生是有血有肉的人，教育的目的是为了激发和引导他们的自我发展之路”[①] 的启发，我将“自我教育”作为对教育基本方式、途径及性质的认识纳入办学理念中，而将“全面发展”只作为办学理念中“终身发展”的内涵之一合并起来。这种思考逐渐清晰以后，我相继在学校党委会、行政会等重要会议上提交与会者讨论，获得了大家的基本认同。之后，我又将其在2014—2015学年的寒假假期工作研讨会上作为专门的议题提交大家研讨，通过对其文字的直白解释及其内涵的不断挖掘和分析，最后获得了一致的赞同。就这样，市一中“全面发展，终身发展”的办学理念正式提出，接下来就是校长解读、师生认同及进一步强化了。

（四）市一中办学理念的校长解读

2015年秋季学期开学典礼，我以“自我教育，终身发展：宜昌市第

① 怀海特．教育的目的［M］．庄莲平、王立中译．上海：文汇出版社，2012：前言1.

一中学办学理念的解读”为题做了新学期的报告。以下是报告的节选。

做学校教育工作，必须回答三个基本问题：为什么要教？教什么？如何教？

为什么要教？教是为了不教！

教什么？教能够导向学生自己教育自己的教育内容，能够导向学生自己教育自己的知识、技能、情感、态度、价值观。

如何教？以能够帮助学生学会自我教育的方式去教！

这就是以学生自我教育为旨归的教育！“自我教育”既是我们对待学校教育目的的基本认识，也是我们对学校教育方法或策略的基本认识，更是我们对学生综合能力的基本判断和基本认识。“终身发展”则是我们培养学生的最终目标。

因此，我们宜昌一中的办学理念确定为“自我教育，终身发展”，即以自我教育为基本方法或策略，以终身发展为根本目标，这是市一中人的教育理想和基本信念。

第一，自我教育的基本内涵。

有学者说，自我教育就是受教育者以一定的世界观和方法论认识自己的全过程。自我教育还可以理解为学生对学校、教师、家长教育以后的再教育。

自我教育包含三个环节。第一，情感的触发。即受教育者在一定的情境下，内心受到触动而关注相应的具有教育意义的事件，这类事件可以是文本、教师给出的话题，也可以是同伴互相影响等。第二，价值的觉悟。即受教育者对触发自己情感的具有教育意义的事件进行价值的判断，并做出相应的价值选择。第三，言行的调控。学生根据自己的价值选择，调节和控制自己的语言和行为，或支持与附和，或反对与逃避。

第二，自我教育的价值。

以引领学生自我教育为出发点的教育，符合教育活动的内在规律。心理学研究表明，人的一切改变都源于自己内心深刻的认同。从教育学的角度出发，人的一切的改变皆是源自每个人内心或内在自我教育的结果。同样，如果从教育心理学的角度出发，一切教育目的的达成都是学生在教育活动中，通过内心自我对话后的唤醒与保持的心理状态。比如，有的同学发奋读书，就是受到某种特定“情感的触发”；然后进行读书价值的自我对话，直至找到认同读书的理由方为觉悟；最后在课堂、学校、家庭中能够不断地管理、控制好自己的言论和行为，专心于自己的学业。

引领学生学会自我教育，是学校教育的真正目的。叶圣陶先生说：“教是为了不教。”苏联教育家苏霍姆林斯基说：“能激发学生进行自我教育的教育，才是真正的教育。”美国当代哲学家普特南也曾表达过相似的观点：“教育的目的是为了使受教育者能继续进行自身的教育。”是的，无论今天的教师教得多么好，在未来的社会生活中，正如古希腊哲学家赫拉克利特所说的“人不能两次踏进同一条河流”一样，我们每个人每天遇到的都是新问题，新问题如何解决，如何应对，只有问自己，也就是经过多种应对措施的价值选择，再做出言语和行为的选择。这种自我对话的过程，站在教育学的立场上就是自我教育的过程。

第三，终身发展的基本含义。

终身发展是指人终其一生都处在发展之中，都在不断地进步与生长。终身发展的人，总是表现出一种精进的人生状态，强烈的创新意识、好奇心和学习精神，并在生活与工作中不断产生创新的思维和成果。

第四，自我教育与终身发展的关系。

自我教育与终身发展的关系是，只有具备较强自我教育能力的人，才能实现终身发展。终身发展的人是能够适应现实社会乃至任何时代的人，或者说是永远不会落后于时代的人。他们在人生的道路上，能够发现当今社会对自己的要求，也能够预见到未来社会对自己的需要，进而不断进行自我教育，如学习相应的知识、形成相应的能力等，以适应社会的需要。因此可以说，不落后于时代的人的内在特征就是善于进行自我教育，还可以说，自我教育与终身发展是互为因果的关系。

（五）学校办学理念的践行

写在纸上和贴在墙上是办学理念的外在强化，如何真正让办学理念在学校师生中得以内化，并将其践行，这比办学理念的提出要更难、更复杂，需要学校教职员工尤其是校长用心为之，经常普及。以下是我以“‘自我教育 终身发展’办学理念践行的策略”为题给全体教师所做的一次演讲的节选。

如何践行我校“自我教育，终身发展”的办学理念，通过自我教育，实现学生的终身发展，我认为我们教师必须进一步认识实现自我教育的三个环节及帮助学生实现自我教育的基本策略。

首先讲讲帮助学生实现自我教育的三个环节。我曾讲过，自我教育包含三个环节：第一，情感的触发；第二，价值的觉悟；第三，言行的调控。现在结合我们的教育教学来具体讲一下。

设置合理的具有教育意义的情境，让学生实现自我教育的第一个环节——情感的触发。设置教育情境，让学生关注学校期望的具有教育意义的事件，最重要也是最常见的做法就是教师的引导。比如，我给每届学生都会做一个主题为“做一名优秀的女生”的演讲，这个演讲最重要的目的并不在于什么样的女生是优秀的，而在于触发女生也包括男生对女生如何才算优秀的思考，如何成为优秀女生的思考。

引领学生形成正确的“三观”，使他们能够正确完成自我教育的第二个环节——价值的觉悟。自我教育的核心环节是“价值的觉悟”，学生价值觉悟的正确与否决定了自我教育的取向，即决定了一个人成长和发展的方向。1936 年 10 月 15 日，爱因斯坦在美国纽约州立大学举行的“美国高等教育三百周年纪念会”上发表了题为“论教育”的著名演讲，他指出：“如果人们已经忘记了他们在学校里所学的一切，那么所留下的就是教育。”现实的学校和教师在教育过程当中，更多关注的是知识，是解题的技巧和方法，其实这些东西是非常容易遗忘的，那么，学校教育真的什么都没有留下吗？肯定不是！我认为留下的是情感、态度、价值观、人生观、世界观及方法论，恰恰是这些决定了学生在未来社会生活中“价值的觉悟”的取向，它们才是培养学生形成自我教育能力和习惯的基础。

营造适宜的场域，使学生能够有效实现自我教育的第三个环节——言行的调控。一是高度重视学校文化建设，让学生置身其中，自然会受到熏陶和浸染。二是设计同学之间相互教育的机制，让学生在教育和管理别人的过程中实现自我教育。同学之间的相互教育抑或是自我教育，比每个个体的自我教育更重要，或者说同学之间的教育更容易触发学生进行自我教育的情感，更能形成正确的价值判断与选择，在未来的生活中也更能调控自己的言行。

下面接着讲讲帮助学生实现自我教育的三个策略。

帮助学生构筑自我教育的前置条件和基础——让学生认识自我。市一中在帮助学生认识自我的过程中，做了许多细致的工作。比如，实施“1+10”阳光行动，即每名教师担任十名左右学生的成长导师，对学生进行学法的指导、心理的疏导、人生的引导；开展生涯规划教育，让学生在科学方法的指引下，更加全面地找寻自我、发现自我；提供宽广的平台，让学生在活动、展示与体验中认识自我。

牢记“追寻自我教育的教育”的出发点和落脚点——帮助学生全面和谐地发展自我。我在实践中特别重视以下两个方面：一是高度重视综合实践活动，让学生在实践中获得更多的直接经验，全面而自主地发展自我；二是高度重视对学生人文精神的引导性培养。在人文精神的系统培养中，既要重视民主教育，也要重视法制教育，还要重视哲学和逻辑教育。首先是重视民主意识的培养。民主是以意识和行为为载体的，民主意识和行为的养成可以通过灌输，但更应该通过实践来养成，换句话说，就是教师应该用自身的示范来引领学生形成民主意识。其次是重视法制意识的教育。法制教育课不仅可以触发学生遵纪守法的情感，更能帮助学生形成遵纪守法的意识，还能在此基础上提高学生调控自己言行使之符合法纪规范的能力。再次是重视哲学意识和逻辑思维能力的教育。我个人认为，最能够培养学生人文情怀的系统知识就是哲学和逻辑学。

锻造一支深具教育智慧的教师团队——更好地引导学生进行自我教育。未来的学校教育中，优秀教师和平庸教师的区别就在于引领学生进行自我教育的能力的差异。教师要注重引导学生形成良好的品行，善于开发学生的非智力因素，引领学生通过相应的活动进行自我教育，使学生形成科学的适合自身特点与需要的学习方法。

三、学校办学理念的价值与作用

第一，学校的办学理念具有导向性，即办学理念应该给师生指明发展和努力的方向，也就是告诉师生学校办学的理想境界是怎样的。

第二，学校的办学理念具有目的性，即办学理念应当指明学校办学的目的，也就是能够间接回答一所学校存在的理由。或者说学校将把师生，尤其是学生培养成什么样的人，即培养人的终极目的或价值追求。

第三，学校的办学理念具有观念性，即师生怎样对待教育，或者说怎么看待教育，也包括回答如何进行教育的问题。

第四，学校的办学理念具有动力性。办学理念可以直接或间接解答师生在学校工作、生活的动力问题，即帮助师生认识他们对学校的价值。

此外，好的办学理念还具有警示性，如回答一所学校的学生观、教师观等问题。正如郭元祥教授所说：“合理的办学理念还应凝聚着学校的教师观、学生发展观、教育质量观等丰富的内容。”

第四节　建设学校课程文化

一、课程、课程文化的基本概念

课程有广义和狭义之分，狭义的课程是指一门学科，广义的课程是指所有学科（教学科目）的总和。此处所讨论的课程既指所有教学科目的总和，也包括每个学科育人目标、学科知识及学习活动进行的方式。现阶段我国中小学的课程分为国家课程、地方课程和校本课程三级。

对课程文化的说法众多。裴娣娜教授提出，学校课程文化是指按照一定社会对下一代获得社会生存能力的要求，对人类文化的选择、整理和提炼而形成的一种课程观念和课程活动形态。[①] 帕拉梅·博洛廷·约瑟夫认为，课程文化是课堂上和学校里公开或隐蔽的信念、行为和价值观体系。[②] 约瑟夫的课程文化概念是一个略为扩大的概念，而此处讨论的课程文化是师生教学活动中明确或缄默的信念、行为和价值观体系，不包括学校及社会中作为学校课程背景的文化。

二、中小学课程改革的现实空间

见之于实践的课程改革的核心就是三个方面：一是学（或教）什么，二是怎么学（或教），三是学（或教）得怎么样。

---

① 裴娣娜．多元文化与基础教育课程文化建设的几点思考［J］．教育发展研究，2002（4）：5.

② 转引自：樊丰富．约瑟夫课程文化思想及对高职课程建设的启示［J］．黑龙江高教研究，2012（2）：87.

（一）学（或教）什么——校本课程开发大有可为

学（或教）什么，就是设置什么课程。一是国家课程。我国中小学国家课程的要求极其刚性，有国家统一的课程标准，有必须通过省级以上批准的教材编写、审定、发行的规范性程序和机构。二是地方课程。地方课程是指由一定区域或地方教育行政主管部门组织教材编写、实施、评价的课程。三是校本课程。校本课程就是以学校为本位，由学校自己确定的课程。学校为了彰显自己学校的办学特色，就必须致力于校本课程的开发与开设。

（二）怎么学（或教）——课堂教学方式与机制还有探索空间

怎么学（或教），就是课堂教学方式如何。应该说中小学课堂教学方式的改革从来就没有停止过，但高中课堂教学方式的改革是从 2004 年教育部批准海南、宁夏、山东、广东 4 省区第一批进入高中新课程改革以后才随之进入了一个高潮期。目前，各地高中课堂教学有趋同化的征兆。一般课堂实施程序为先学后教或以学定教、学生展示与质疑、教师点评与提升、当堂评价或检测，但仍然有较大的探索空间。

（三）学（或教）得怎么样——教学评价改革需国家层面推动

学（或教）得怎么样，就是评价方式如何。目前，国家、地方及学校评价都是以纸笔方式的考试为主，并且以分数方式呈现学生成绩的居多，仅有少数地方开始了以等级方式呈现学生成绩的尝试。

三、市一中课程文化构建的基本取向

提出课程文化构建的基本取向问题，不是为了构建作为学校文化子系统之一的课程文化理论体系，而是为课程文化建设提供一个实践性的方向。市一中课程文化构建在实践中主要持以下基本取向。

一是以学生（个体）发展为本，兼顾社会（群体）发展的课程文化观。我一直认为，学校是以学生发展为本的，即学校是为学生发展服务的，而不是直接为社会发展服务的。但因为学生最终要走向社会、为社会服务，所以，课程文化构建需要兼顾社会发展。

二是科学与人文相结合的课程文化观。理性的科学精神与感性的人文情怀是人类发展的两翼，不可偏废，必须得兼。

三是核心知识、主导文化传授与工作、生存训练相结合的课程文化观。前者关注精神构建，包括科学精神和人文精神两个方面，而后者关注适应未来社会生活所必需的实践技能及直接经验，也包括面对社会生活所必需的习惯和态度等。

四是不断创新突破与夯实传统“双基”相结合的课程文化观。传统“双基”的载体是国家课程中的传统课程，而需要不断创新突破的主要是新课程改革以来的校本课程及国家课程中的综合实践活动等。

四、彰显市一中课程文化的课程改革

（一）大力开发与开设校本课程

比如，为了培养学生的人文情怀，市一中开设了《人文启思讲堂》系列校本课程。这里的“人文”是指除自然科学和宗教以外的一切内容。因此，这个讲堂不讲纳米技术和克隆等自然科学的重大发现与进展，也不讲宗教经义，而是给学生讲授文学、历史、哲学等内容。又如，为了彰显核心知识、主导文化传授与工作、生存训练相结合的课程文化观，学校开设了生存类课程。一位教师曾独自一人游历非洲，且在无任何保护措施的情况下登上非洲最高峰——乞利马扎罗山山顶，她开发的校本课程《带着梦想上路》，吸引了许多学生。

（二）扎实开展研究性学习

市一中研究性学习活动采取分散与集中相结合，分班指导与分课题指导相结合，平时校内活动与节假日校外活动相结合，指导教师带领学生外出与家长带领学生外出活动相结合，专职教师与兼职教师指导相结合等方式。学校还将研究性学习成果每学年结集出版，其成果集被命名为《学与研》，意即学习与研究同途，研究与学习并行。

（三）积极进行国家课程校本化的尝试

市一中尝试自编语文实验教科书，通过国家课程校本化的研究与探索，以期实现学校课程的个性化。自编教材的选材来源于四方面。第一，教师推荐的传统教材或其他资源中的经典文章。教师需要写出推荐该文章的理由。第二，教师自撰文章。教师写出自荐理由，经过评选，选入教材的篇目将由教师本人进行讲授。第三，学生习作。先由学生自荐，再由教师选取并写出推荐理由。第四，文化时事。例如，当年诺贝尔文学奖获得者的著作，摘其重要部分精选编入。

（四）全员参与课堂教学方式的变革

市一中全员参与课堂教学改革，主要包括两项重大改革。一是课堂组织方式的重大改革。传统的课堂是师走生不走，即学生保持行政班不变，而教师走到不同的班去上课，市一中现在推行的走班制教学改革是生走师不走，学生选择不同的教师和教室上课。二是实施“五环生本”高效课堂教学程序或教学模式的改革，包括五个环节：环节一，学生自主学习，即学生根据导学案自主学习。环节二，由各学科小组长负责，用5～10分钟的时间，学生将导学案上自主学习的情况进行组内交流和讨论。环节三，小组展示。各学习小组完成讨论交流后，小组可以举手要求展示本小组的学习成果；展示时，由学科小组长负责指定本组某位同学上讲台讲解，小组其他同学可以进行补充。环节四，小组质疑。一个小组展示完毕，其他小组的同学可以根据本组的理解进行质疑，由展示的学生或者邀请同组的其他同学进行答复。环节五，教师点评、小结及建构提升。教师在小组展示、质疑环节进行之后，要对学生展示及质疑的内容做出准确、简洁的分析和评价。最后由教师或教师安排学生小结本堂课的内容，进行知识归纳、梳理，同时，学生整理学案、纠错本，巩固并建构知识系统。

第五节　营造学校优良学风

一、学风的基本意蕴

学风就是学习风气。不过，不同的人在使用学风这一概念时，取义是有一定差异的。比如，在讨论大学学风时，很多时候可能是以讨论“学术风气”为主的；而有的人则是将学校师生的治学精神、治学态度和治学方法等方面的风格都纳入学风之中。由于本书主要是以中小学为背景的，所以，此处所谈学风仅取“学生学习风气”这种偏狭之义，即特指一定学校中学生在学习时所表现出的风格、传统和习惯，不包含教师队伍的学风问题。

二、学校学风建设的基本内容

一般而言，学校的学风建设应该着重解决学生的学习动力、学习态度、学习方法等问题。也就是说，学风建设就是学习动力的不断增强、学习态度的不断端正和学习方法的不断优化。

三、学校学风建设的基本策略

学生学习动力的不断增强、学习态度的不断端正、学习方法的不断优化的实现，绝对不是单因素、单维度就可以解决的，也不是一次性提升就能维持其水平不变的。优良学风的形成和保持需要多因素、多维度同时作用，也需要不断鼓舞、反复强化。

（一）多因素、多维度同时作用

第一，培养学校文化是核心。这是文化管理的要求和意义之所在。因为文化管理是培养学生意义自觉的管理，非常适宜于解决学生内在的动力、态度等问题。事实上，学习动力、态度靠强迫是毫无意义的，很多时候还可能适得其反。因此，我特别重视事关学校学风建设的文化培养。例如，我每个月会与全校学生沟通最少一次，一般选择星期一升旗仪式时间，主题以学校学风、校风居多。

第二，以班级学风构建为基础。充分发挥班主任、学科教师的作用，通过召开主题班会、个别谈心等形式抓好班级学风建设。

第三，以寝室学风建设为补充。寝室不仅是休息的地方，也是学生交流学习心得、相互解答疑难问题的地方。寝室成员相互影响也是很大的。

第四，以家庭氛围和社会风气为环境。学校要加强家长学校建设，对家长进行培训，引导和号召家长读书，使每个家庭的读书氛围变得浓厚，进一步推动学校良好学风的形成。

（二）长时间、反复地强化

学习动力、态度很容易反弹，因为人是情绪化的动物，而动力、态度又都属于情绪的范畴，所以，必须经过长时间、反复地强化，良好的学风才能形成和持续。例如，葛中 2011 级的学生，高一时学风本来还可以，但进入高二后，因为开学时年级主任受伤，不到一个月时间，学生就完全变了，上自习时随意讲话，作业完成率低，考试作弊。为此，学校采取了三项措施：一是做了一个专场报告“不是你们不好，而是你们应该且可以做得更好”，对学生进行正面引导；二是在全年级开展为期一个月的“三入”学习文化节（“三入”即入静、入定、入神）；三是组织召开主题班会“读郑也夫《胜者通吃的社会》”，让同学们读完该文后进行讨论。

（三）其他辅助措施

一是制订制度，如学校的自习纪律考评制度等。二是建立良好的机制，如让学生参与学校管理等。三是校长、教师带头读书。热爱学习、会学习的人会在一定的范围内影响和感染他人，所以，教师爱学习对学生有很强的示范作用，校长爱学习对教师也有很强的示范作用。学校通过这种示范作用，促进良好学风的形成。

四、学校学风优良的根本基础

学校学风优良的根本基础是学生对学习动力、学习态度、学习方法的意义自觉。

学生的学习动力、学习态度、学习方法都不是外显的，而是深藏于每个学生内心之中的，只有通过各种方法去不断培养，才可以实现学生的意义自觉。

我初到葛中时，学生不交作业、自习时间闹哄哄等现象非常严重。在这种氛围下，学生即使想学习也没办法。针对这种情况，我提出葛中的学习文化，即“入静，不存浮躁、不干扰别人谓之入静；入定，不受影响谓之入定；入神，不知干扰谓之入神”的“三入”文化，并制成横幅张贴于每个班的教室中。经过三个月的努力，学生在学习、纪律方面有了极大的改善，学校的教学质量也有了稳步提高。从下面葛中2012届汪同学对“三入”文化的解读中可以窥见学生对学习文化的意义自觉。

“三入”境界之我见

——学习文化内核解读

专注于一件事，臻于郅治。铁匠专注于打磨顽铁，可以将铁锻造得薄如蝉翼；石工专注于斫石，可以运斤成风；木工专注于雕镂，可以锲而不舍。专注，就是心无旁骛地做一件事，力求完美，创造奇迹！

专注有境界高低之分，即入静、入定、入神。

不存浮躁谓之入静。入静的人，往往像专注于茶艺的饮者，择茶，洗杯，煮水，每一个步骤都有条不紊。他不担心时间过早或过晚，不担心访客急或不急，他的眼中只有茶的颜色，由翠绿，到浅绿，再到鹅黄；他的鼻中只有茶的香味，由微淡，到馨香，再到沁人心脾的芬芳。心跳动不安是泡不了好茶的，同样，心若忐忑是无法好好学习的。快速地翻书，迅速地阅读，这样地诚惶诚恐又怎能求得学习上的造诣？

不受影响谓之入定。唐寅可以在受到他人嘲讽谩骂时，独诵“桃花坞里桃花庵，桃花庵里桃花仙”；毛泽东可以在闹市中大声读书，神色自若；郎朗可以在亲朋欢聚时，一个人独自练习钢琴。伟人的成就不仅在于心放得下，更在于其坚定的信念不受他人影响。而那些受他人影响、受他人左右的人，永远无法成功。

守住本心谓之入神。陶渊明的心向往田园，他便弃官归隐，纵情山水；苏武一心为国，他便坚守牧羊，须发尽白才得归；李时珍专注于医药研究，他便放弃科举，写下《本草纲目》。本心是人心中最初的愿望，守住本心，遵从本心，才不会违己交病，后悔一生。

遵着“三入”的要求，循着专注的境界，你才会走向成功的彼岸！

从葛中学生对学习文化的意义自觉中，能窥见葛中学生之学风，亦能窥见学生成绩提高极快的原因，这是一个递进的、必然的逻辑关联。当然，这也告诉我们，葛中学生经过三年的学习生活，其学习文化品相已经基本定格。

第六节　建立学校基本制度

一、学校制度建设的价值

文化管理不是制度管理，但这并不是说文化管理就不需要制度。学校师生是一个特殊的群体，他们对学校领导及学校管理都有各自的见解和期望，但也有一些见解和期望是相同的。例如，我所接触的教师几乎都认为学校领导在进行决策和管理时必须讲原则、重公平，同时又觉得学校领导必须善解人意、不刻板。我们来分析一下教师对领导者的这两个期望，很明显，这种诉求是存在矛盾的。教师希望领导讲原则、重公平，那就需要实施制度管理，因为只有在人人平等的制度管理之下，才叫讲原则，才能重公平。但是，教师又希望领导善解人意、不刻板，也就是说学校领导在实施管理时要因事而异、因人而异，而这种诉求又不适宜进行制度管理。实施学校管理，制度不是可有可无的，而是必须的，因为制度是原则和公平的基础，只是许多时候，制度的制订与执行也要具体情况具体分析，这就是文化管理。也就是说，文化管理必须有制度，且必须以制度为准绳、基础。

二、学校制度建设的根本目的

（一）保障师生平等参与学校管理与重大事项决策的民主权利

无论是出于实施文化管理的需要，还是出于培养未来民主社会公民的需要，保障师生拥有平等参与学校管理与重大事项决策的民主权利都是制度制订的根本目的。

（二）保障师生利益分配和资源配置的公平权利

以公开的制度公正地进行师生之间的利益分配，是保障师生享有利益公平分配和资源公平配置权利的需要，是保障学校平稳运行、高效运转的需要，也是学校需要制度的最重要的理由。

（三）促进师生实现对管理要求的内在自觉

制度之所以存在，就是要对学校中的一定的主体进行相应的约束，但这种约束不能只靠刚性的制度进行强制，这是我们提出实施文化管理的理由之一。学校一切制度的制订和实施的根本目的在于，所有制度的制订与实施都必须能促进师生主体的意义自觉或师生主体价值观的形成，进而让师生按照相应的制度要求去执行或实施。文化管理一般是管理者从管理要求所具有的意义出发进行引导性诠释，被管理者通过内心的自我对话完成对管理要求相应意义的内在构建与认同，实现其意义自觉。这种意义自觉的本质就是形成相应的价值观。

三、学校制度建设的重点和要求

（一）学校制度建设的重点

学校制度建设应当将重点放在师生的甄别上，而其中的重中之重是放在对教师进行甄别性评价制度的建立上。因为这样的制度决定教师之间的利益分配关系，是学校和谐稳定的基础。好的甄别性评价制度能够对广大师生起到指明方向、凝聚人心、催人奋进的作用。

（二）学校制度建设的要求

学校制度建设的要求是要符合微波炉原理。微波炉之所以热得快，热效率高，就是因为微波炉通过电磁振荡产生的微波的频率与被加热物质中所含水分子的固有振荡频率相同。学校文化管理的制度建设也一样，只有科学地设置制度要求，保证制度要求与师生的诉求基本同步或同步满足，以引起共振，才能保证制度被师生广泛接受，并最大限度地执行到位，从而保证学校各项工作运行的效率。

四、学校制度建设的思路和方法

（一）学校制度建设的思路

实施文化管理的学校对学校的师生有不同的规范与要求，但是，这种要求不一定是刚性的制度。例如，一些学校规定，学生进教室一律不准穿拖鞋、背心、短裤等。但葛中没有这个制度，而是靠“向美”的文化内核来规范行为的。学校制度建设的思路是多以文化内核引领，少订刚性制度。

（二）学校制度建设的方法

学校中的制度或多或少都会牵涉师生的利益，师生的认同是制度制订科学、执行到位的充分条件。所以，让师生广泛参与制度制订是学校制度建设的基本方法。

第四章

学校文化管理中的激励机制构建

激励的本质就是激发人的动机、提高人的积极性。因此，学校管理者在进行文化管理时应该构建相应的激励机制，从而调动师生的主动性，促使师生为了学校的发展目标而不懈努力。用好激励，对构建和谐校园具有极其重要的意义。

第一节　激励的概念及基本模式

一、激励的概念

《现代汉语词典（第 6 版）》对“激励”一词的解释是“激发鼓励”。在管理心理学术语中，激励指的是激发人的动机，诱导人的行为，使其发挥内在潜力，为实现所追求的目标而努力的过程，也就是人们通常所说的调动和发挥人的积极性的过程。我认为，文化管理中的激励就是管理者根据组织目标及被激励对象的需要，选择适当的激励措施，增强被激励对象的行为动机，提高其工作的积极性，使其更好地服务于组织目标的管理活动。其核心是激发和提高行为主体的行为动机。

通常情况下，组织（或学校）成员在组织中所做出的努力，对于个人需求、利益的满足与对团队（或学校）需求、利益的满足是正相关的，这也是团队（或学校）全体成员尤其是领导者所乐意看到的。不过，值得注意的是，在一定的管理实践中，降低行为主体那些与组织目标相背离的动机，有时同等重要。每一个组织都有一定的目标、需求，这其中承载的应该是大多数组织成员的共同利益，而有些成员过于关注与其他组织成员关系不大的甚至相悖的自身的目标、需求，造成其行为对组织无贡献甚至损害组织的利益。面对这种情况，管理者要想办法通过一定的激励措施降低或打消其相应的动机。例如，有些教师沉迷于炒股，学校管理者就必须通过一定的激励方法，降低其相应动机，使其将更多的精力投入到学校工作中去。

二、激励的基本模式

学校激励理论的基本模式如下图所示。

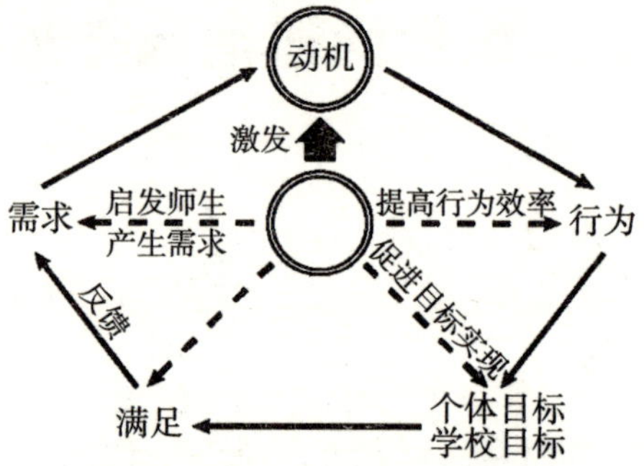

学校激励理论的基本模式

第一，"激励"与"动机"之间是用粗黑箭头连接的，意思是激励的本质就是改变（增强或降低）动机。

第二，这种基本模式始终是一个循环往复的过程。在工作、生活中，人们产生了一定的需求，需求催生一定的动机，动机产生相应的行为，行为促成一定目标的实现，一旦目标实现，人们得到满足，便产生新的需求，于是再进入一个新的循环。

第三，激励在人类的需求、动机、行为、目标、满足之间持续地发生着作用，并以刺激和强化动机为主。

第二节 学校文化管理中的激励

一、学校文化管理中激励的作用

学校管理者的最重要的任务就是调动师生的积极性，也就是激励师生为了学校的发展目标而不懈努力。德鲁克曾指出，管理者有五种职责：设定目标、组织、激励和信息沟通、业绩考核、管理发展。其核心任务是激励和信息沟通——管理者负责把成员组织起来，激励他们为达成组织目标而努力，同时处理好人员配置、待遇、晋升等工作，与上级、下属及同事经常联系沟通。为什么管理学家如此重视激励在管理过程中的作用呢？这主要源于激励在学校管理，尤其是在学校文化管理中的重要作用。

（一）激励可以增强师生工作和学习的积极性与主动性

内心被激发和激活的师生都会处在一定的兴奋状态，因此，其工作和学习的积极性和主动性就会提高，从而提升效率，增强师生的成就感，最终形成一种良性循环。

（二）激励是文化管理的动力之源

师生在社会生活中的各种行为都是受一定的动机支配的，也就是说真正意义上的无意识行为是非常少见的。心理学研究表明，人的动机源自或产生于行为主体本身强烈的、内在的需求，其内在需求越强，则动机越强，动力越足。在学校中，激励可以说是文化管理的动力之源。

（三）激励有助于良好学校文化的形成

良好的学校文化是学校健康发展的基础。良好的学校文化的形成，离不开有效的激励机制。例如，学校作为一种学习型组织存在是现代学校的重要标志，也是学校文化优良的一个标签。学校为激励教师多读书，经常开展以校为本的读书竞赛、教师读书笔记评比等活动，这对良好学习氛围及良好学校文化的形成都具有极为重要的价值和作用。我在市一中鼓励教师动笔，并开展的第一个教师除上课以外的评比活动，不是教学反思，不是教学叙事，也不是教学论文，而是读书笔记评比。

二、学校文化管理中激励的基本原则

结合学校中师生的特点和学校的组织特性，在学校文化管理中应坚持以下基本原则。

（一）激励师生实现自我价值

师生是“文化人”，是具有强烈自我实现意识的群体。师生具有自我实现的需要，马斯洛把这种需要描述成“一种想要变得越来越像人的本来样子，实现人的全部潜力的欲望”①。细细想来，每一名学生，哪怕是成绩排最后一名的学生，都是这样的；我们的教师绝大多数也都是这样的。因此，激励师生实现自我价值是最重要的原则。有人说过：即使是世界上最糟糕的人，也没有希望自己把自己搞糟的。因此，激励师生努力实现自我价值，不过是顺应师生实现自我价值的强烈愿望而已。

（二）坚持公平

在师生群体中，一定要保持公平，即对获得相同成绩者给予相同的鼓励和表彰，这是激励的基本要求。

（三）兼顾师生需求的差异性

虽说激励一定要公平，但绝不是说，同一师生群体的需求是完全一样的。比如，考试成绩好的学生，一般都期望能够获得公开场合（如班级或

---

① 弗兰克·戈布尔．第三思潮——马斯洛心理学［M］．吕明，陈红雯译．上海：上海译文出版社，1987：45.

年级或学校）的表扬，这种激励会让受表彰的学生学习得更加刻苦、更加专注，成绩提高得更快。然而，总有个别学生因某次考试成绩好而受到表扬后，反而背上一定的心理负担——因为他害怕下次考试成绩下滑，导致上课不能集中注意力，出现下次考试果然成绩很糟糕的情况。所以，细心的班主任应善于关注不同的学生对表扬所表现出的不同反应，从而采用不同的激励方式。对学校管理者来说，也是如此。

（四）注重时效性

对一般人而言，通常在其获得成绩时，应及时激励，这样效果会好些，被激励者所获得的刺激会相对强一些。

（五）让受表彰者和未受表彰者都受到激励

最好的激励是让受表彰者和未受表彰者都受到激励，使他们都产生强烈的“我要做得更好”的动机。要做到这一点，就要求学校管理者经营好学校文化。在有些学校或组织中，就有在激励某人或某些人的同时讽刺、孤立甚至打击其他人的情况出现，如果是这样，激励还不如不激励。

三、学校文化管理中的激励策略

（一）目标激励

美国马里兰大学心理学教授洛克与其同事通过大量的现场研究和实验室研究发现，大多数激励因素，如激励、工作评价与反馈、期望、压力等，都是通过目标来影响工作动机的。因此，重视并尽可能设置合适的目标是激发个人动机的重要过程。1968 年，洛克正式提出目标激励理论。

所谓目标激励，就是管理者独自一人，或管理者与被管理者合作设置一定的具体目标，同时预设完成目标后物质或精神回报的过程。

目标激励是实施文化管理的学校最基本、最重要的激励方式之一。文化管理一般不会用刚性的制度来约束人或捆绑人，如果以一定的目标，特别是以由学校中的师生参与制订的、师生通过努力可以完成的目标来激励师生，这种激励的作用是巨大的。

目标激励的关键是要科学地设置相应的目标，使目标价值所发挥的作用最大化。所谓目标价值是指被激励对象对一定的行为目标的理性认识和主观评价。其实，被激励对象对目标价值的认识非常主观，因此设计目标之初激励者和被激励对象对目标应有相对理性的认识，只有这样才能使目标更有激励作用，从而发挥更大的价值。

要让目标起到最大的激励作用，应当注意以下几点。一是目标设计要适度。目标设计的适度性决定激励的效能，决定目标价值的发挥和实现。这种适度就是要在行为主体的需求和能力之间保持合适的张力。如果张力过大，即行为主体的能力与目标相隔太远，就必然会出现“崩断”的情况，即行为主体的积极性“归零”，也就是目标激励完全失效；同样，如果张力过小，对行为主体的意义不大，行为主体的积极性就很难有所提高。二是要切合行为主体自身的需求。比如，虽然素质教育或素质教育的成果在当下尚未与高考挂钩，但学生还是有强烈地提升自身素质的愿望，所以，如果学校高度重视素质教育，制订关乎学生学年及毕业素质评价的制度或办法，对学生的激励作用也会很大。如市一中制订的《宜昌市第一中学素质教育德育评分条例》，是学工处起草学生代表大会通过的条例，施行以后，对学生的激励作用很大，反响良好。三是目标要具体、明确。这种目标包括以下三个要素：时间要素，即何时完成；行动计划要素，即实现目标的具体步骤和方法；评价方式与结果认可要素，即如何进行评价以及评价的结果与目标如何互相承认。四是尽量提高目标的效价。效价是激励理论的分支理论——期望理论中的一个概念，由心理学家弗鲁姆于1964年提出。效价是指人们对所预期目标的重视程度与评价高低，即人们在主观上认为该目标能够满足自己需要的程度。目标效价越高，人们投入的热情与积极性就会越高。

（二）任用激励

一所学校要想取得一流的成绩，就必须使每一名师生都取得相对于自己能力而言的一流工作成绩和学业成绩。学校管理者把每一个人用好、用得适当，使其发挥自身最大的潜能，就一定会把学校办成一流的学校。这便需要任用激励策略。

首先，把具有一定管理能力、群众公认的优秀者，安排在相应的管理岗位上，使其对学校的作用和影响最大化。

我到葛中工作一年后，实行中层管理干部竞争上岗，原来所有的中层干部近二十人，只有两名同志因为年龄偏大未参加竞岗，另有一名同志竞岗时落聘。因此，就另外增加了两名中层干部。在增加的两名中层干部中，其中一人本来就在学校担任中层干部近十年，且在教务处和学工处都担任过负责人。只是在我调到葛中的两年前他主动要求从管理岗位退下来，原因是在招生过程中，学校领导授权其代表学校对一名学生做出一定的承诺，然而教育局领导认为该承诺不符合招生的相关规定，学生上学后没能兑现，学生家长便经常找该同志，要求“给个说法”，在平息此事后，该同志便主动从管理岗位上退了下来。我从许多干部和普通教职工那里了解到，该同志书教得好，专业能力强，处事公道，有魄力，有亲和力。我通过对现任中层干部的比较、筛选，认为他是本次竞争上岗的教务处主任的最佳人选。后来征得班子主要成员的同意，我决定找他谈谈。我第一次找他谈，被他断然拒绝；第二次找他谈，他说准备调回老家工作（后来了解到其实是他不愿再当干部的托词）；第三次找他谈，是在竞岗报名快截止的时候，他终于被我的诚意所打动，答应试一试。后来，竞岗演说中他讲得并不多，但教职工投票中他的得票高居第一。最后，学校党委根据他的经历和能力，任命他为教务处主任。在教务处主任的岗位上，他的工作能力和工作水平有目共睹，他的工作成绩和工作态度有口皆碑。在他任教务处主任两年多时间里，全校师生一起努力，创造了连续两年高考成绩的突破性增长，教师们更加认同他了。后来，班子调整时他又以全校教职工测评得票第一的认同度被市委组织部任命为副校长。

其次，要把每名员工都安排好，哪怕是最普通的员工。

我到葛中后，看到每天到办公室送报纸的同志还比较年轻，大约四十多岁。后来了解到，该同志是1977年考入大学的应届高中毕业生，因为教书时教学效率不高，又不是很“听话”，于是从教学岗位上下来干后勤。

我希望能够人尽其才，因为分发报纸可以让年纪大一点的、学历低一点的同志去做。所以，我征求了他对工作岗位的意见，他说还是希望教书。于是，经过安排，他如愿以偿。他在教学岗位上又工作了两年，终因多年未上课，已经很难适应现在的教学要求而再次“被淘汰”。学校又将其安排在化学实验室当实验员，但他不安心工作，认为该工作“不太体面”，我也看得出来，他并不开心。我便再次征求他对工作岗位的意见，他说想干教务员。学校批准了他的要求。他在教务员岗位上干得很卖力，由于他工作认真，获得了教师的一致好评，所有教师都觉得他像换了一个人似的。

他确实变了，工作的激情高了、干劲足了，外在的形象也变了。过去，他一年四季总是穿一身运动服，一双很旧、有些脏和破的旅游鞋，现在每天都穿着西装、皮鞋……无论从外在还是内在，都可以看出这位教师生活、工作的朝气和“向上、向美”的力量。

所谓任用激励，就是将每一个人安排在适合他的岗位上。任用激励的本质，就是让学校中的每一位师生都感受到自己的重要，感受到自己对于他人及学校的重要。管理者唯一要做的就是知人善任，人尽其用，人尽其才。

（三）褒贬激励

褒贬激励是指通过对有益于学校发展的思想和行为进行褒奖，反之则进行贬责，从而激发师生工作和学习积极性的管理活动。褒奖分为物质褒奖和精神褒奖，贬责亦然。物质褒奖主要有发放奖金、安排休假等形式；精神褒奖主要有当众表扬、安排参加培训等形式。同样，物质贬责主要有扣罚奖金等形式；精神贬责主要有批评等形式。有褒奖就必须要有贬责，文化管理中如果只有表扬，却对负面思想、不良行为不批评，本身就是对表现优秀者的漠视与讽刺。当然，在学校中实施文化管理，由于教师和学生所特有的“文化人”身份，应当以褒奖、鼓励、表扬、引导为主。

学校最辛苦、责任和压力均很大的岗位首推班主任群体，我在葛中将班主任津贴通过教代会由每月 400 月一次性提高到 800 元；在市一中将每月平均 500 元左右，提高到平均 1000 元。这种分配导向，能够让班主任感受到被重视而促其工作的积极性大增。

另外，对于班主任工作突出的同志，特别是对于年龄大的同志，还要进行精神褒奖，而且最好当众表彰。比如，年过五十的王老师主动要求承担班主任工作，他的工作能力及工作成绩都十分突出，很受教师敬重。我在葛中工作期间，曾先后两次在全校教职工大会上表扬过王老师。我说：“我崇拜王老师。崇拜他会教书：课上得那么受学生欢迎，学生考试成绩那么好，同样身为化学老师的我不得不崇拜他。崇拜他的纯粹：他是一个纯粹的人，干教育就爱教育，五十多岁又重新当起班主任，不是图钱，也不是图名，而是出于对教育和对学生纯粹的、由衷的热爱。崇拜他的高贵：正因为他的能力强，他为人的纯粹与正直，因此他是一个不需要向任何人和任何事低头的人，这正应了一位名人所说的话‘所谓富，就是不向人借贷；所谓贵，就是不向人低头’，他称得上是一个真正高贵的人。崇拜他的风度：他每天都把自己收拾得那么整洁与得体，头发一丝不乱，他是一个有学者与长者之风的人。我所崇拜的教师就是这样的。”

应注意，褒奖时学校所给的荣誉不要过于集中，争取让更多的人受到表彰和激励，这样更有利于调动全校师生的积极性。比如，在葛中和市一中每年年末的迎春团拜会上，广设奖项，分别表彰“五好教师”“先进工作者”“优秀班主任”“优秀共产党员”“工会活动积极分子”“五好家庭”等，让学校每一位教职工都可以获奖。这就是文化管理，就是让每个人都受到表彰，让每个人都受到正面鼓励和引导。

物质贬责即给予相应的惩罚，如一次旷会扣绩效工资 20 元等。所谓精神贬责更多的是批评，批评分为当众批评和个别批评，当众批评不到万不得已，一般不点名，个别批评或个别谈话则应该直截了当。

（四）关怀激励

关怀具有非常强烈的文化管理色彩，它是尊重他人的本质表现，也是人与人之间相互帮助的一种较高的境界。关怀一般是靠行为双方自己体验的，因此，是一种深层次的文化管理方式。最重要的关怀方式有如下几种。

民主。民主是一种最人性化的关怀。关怀的前提是了解，了解的方法有很多，但了解师生需要时最基本的方法就是倾听。倾听的前提是学校领导要有民主的人文情怀。2013 年 12 月 30 日，我在市一中电视台发表电视讲话，在新年献词中我讲道：

努力培养学生民主和谐的人文情怀。素质教育需要培养适应未来社会发展的公民的基本素养，而民主是现代人与未来人所必需的人文精神与情怀。民主从教师做起，从我做起。我通过与同学们进行的师生午餐会、师生课间茶歇等，了解你们的想法，走入你们的内心。比如，有同学在师生午餐会上提出，希望在学校门房安放一个投递信件的邮箱，我当即表示同意，经过各部门间三个多月的协调后安装到位。学校就应该是一个民主的大家庭。

帮助师生解决个人或家庭困难。帮助师生解决个人或家庭困难，是一种最直接、最显性的关怀。比如，为身患重病的学生捐款，尽量帮助教师解决子女入学问题等。我在市一中工作三年多，基本解决了每位教职工子女的入园及就读优质中小学的诉求。

参与师生的活动。参与师生的活动是一种体验式的关怀。比如，教职工组队参加市教育局及市总工会举行的篮球比赛，我亲自到场并披挂上阵，与队员们一起拼搏和战斗。参与是对师生活动的一种认同、肯定，是让师生觉得非常亲切的一种关怀方式。

（五）发展激励

帮助师生实现其个人发展，是一种“文化人”非常认同的激励方式。按照马斯洛的需要层次理论，发展激励是最高层次的激励方式。因此，它也是学校实施文化管理最重要的手段之一。实施发展激励主要有以下几条途径。

请名家大师到校讲学，是促进师生发展的常用方式。我担任校长期间，每年都会请几名知名教育理论专家或教育实践专家到校讲学，为教师提供一些专业上的指导，为学生提供开阔眼界的机会。

将教师派出去参加学习培训，定期组织编写理论与实践学习材料，对教师的专业发展同样意义重大。同样，推荐学生参加市、省、全国的竞赛，也是对学生学业发展上很好的激励。

帮助师生实现个人发展，最为重要的一点就是帮助他们找到适合自己发展的平台。在实施文化管理最为理想的学校中，每个师生的位置都是不能替代的。学校管理者要有识人的智慧，还要有用人的胆识，更要有尊重每位师生的雅量。当然，这是学校实施文化管理的学校管理者所要达到的、也是不容易达到的理想境界。

第五章

学校文化管理中的队伍建设

学校队伍建设需要关注和研究的是两支队伍，一是教师队伍，二是干部队伍。学校队伍建设是学校管理者最重要的工作，所以，管理者必须时刻牢记于心，悉心经营。

第一节　学校队伍建设的基础

学校有学校的文化底色，教职工也有个人的文化底色。学校文化底色的内涵是相当丰富的，如学校精神、学校文化内核、学校办学理念等。教职工是在一定的经历中成长起来的，自然形成了个人的文化底色，从大的方面说，包括个人的价值观、信念、习惯等；从小的方面说，如接人待物的态度、说话的口吻等具体而个性化的东西。

涂抹好教职工个人的文化底色具有非常重要的价值。一是学校的文化底色与教职工个人的文化底色可以互为因果、相互影响、相互转化。事实上，教职工个人的文化底色，就是学校文化底色的直接组成部分，也就是说个人文化底色将影响和决定学校的文化底色。二是学校在实施文化管理的过程中，虽然教职工个人的文化底色只是学校的文化背景之一，且不是学校具体的管理要求本身，但它却决定着文化管理实施的效率和效果。所以，涂抹好教职工的文化底色，就是在涂抹学校文化建设的“粉底”，是学校队伍建设的基础。

一、使教职工相互尊重

相互尊重是学校队伍建设的基础性文化，也就是说没有教师彼此的尊重，教师团队建设就没有了基础，因为没有了尊重，就只剩下相互藐视和鄙夷，这样的团队最终只能是人数众多的散兵游勇。另外，在现今的中小学教师中，按照马斯洛的需要层次理论，生理、安全、归属与爱的需要（在当前竞争激烈的社会中，教师的工作相对较为稳定，使得教师对职业的归属感相对较强）是能够得到满足的，那么，尊重及自我实现的需要就自然成为教师所追求的更高层次的需要了。基于此，我在学校文化管理中，注意在上述两个需要的实现方面创造条件并加以引导。尤其是尊重这种文化，它往往发生在教职工的交往之中，且容易被放大或强化，因此学校管理者必须加以引导。

我刚去葛中时，发现同事之间不论年龄大小，多是相互称名字，常听到三十多岁的教师对五十多岁的校车专职司机直呼其名。为此，我在全校干部会上和全校教职工大会上讲了这个问题。

为了建立教职工之间相互尊重的文化氛围，请老师们注意彼此之间的称呼。我希望，对年纪比自己大的人一律不要直呼其名；对比自己年轻的同志，在学生面前必须称之为某老师、某师傅；同事之间最好不要叫不雅的绰号；对学生公寓管理员，一律不允许称师傅、阿姨，必须称老师，因为，他们是我校育人队伍中非常重要的组成部分。

二、使教职工有效沟通

良好的人际沟通是形成良好人际关系的前提，良好人际关系又是实现团队和谐的基础，所以，我在学校管理中特别重视良好沟通文化的形成。我曾经在全体教职工大会上讲到教职工必须学会沟通，并在教职工中引起了积极的回应。

2012年6月4日晚，我在办公室加班赶博士论文的开题报告，到深夜12点才下班。学校小车司机吕师傅开车送我回家，出了学校大门，他问我："付校长，你上周五给我们全校教职工讲的'工作的核心是沟通'，您能再给我讲讲吗?"

我说："一共有四句话：'工作的核心是沟通，沟通的核心是认同，认同的核心是倾听，倾听的核心是尊重。'怎么了，为什么问这个?"

他说："哦，我对这几句话挺有感触，明天想给女儿讲一讲，但记得不全。"

他说："为什么要给她讲这个?"

他说："我女儿最差的就是沟通能力。她跟我说，她最不愿意与她们公司的一个同事出差，因为不喜欢那个人的个性，但公司又总是安排她俩一起出差……我要告诉她，应该多与别人沟通，尊重老员工。”

学校教职工对这一问题的反应如此积极，的确令我惊喜。我之所以对全校教职工讲如何进行有效沟通，是想告诉他们，应与学生、同事、家长进行有效的沟通，更希望告知全校教职工，葛中需要的是一种良好的沟通文化，大家应该予以重视，因为，这不仅是关乎个人修养的小问题，也是关乎和谐学校团队建设的大问题。

三、引导教职工相互欣赏

学校教职工团队中常常会存在着一些互不买账、文人相轻的现象，而我非常希望学校的每个教职工都以包容的态度、宽广的胸怀去与同事相处，多看同事的长处、优点，使教职工团队变成一个人与人相互欣赏的团队，这样就必然会让所有教职工生活在和谐、轻松的氛围中，从而愉悦地工作和生活。构建这种人际关系的本质，就是为了让每位教职工更好地发展，最终实现共同发展。所以，我以“让我们共同构建相互欣赏共同发展的教师团队”为题，专门给教职工做一次专题讲话。在两所学校，这个主题被学校干部们不断引用，逐步在教职工那里得到强化，渐渐成为大家认同的学校文化之一。以下是我的讲话节选。

为什么要欣赏别人？因为每个人都有自己所不具备的长处、优点。德国哲学家莱布尼茨说：“世界上没有两片完全相同的树叶。”我认为，世界上更没有两个完全相同的人。正因为人与人之间有许多不同，这就注定了每个人都有各自的长处。倘若你能多看看同事的长处，自然就会发现值得你学习和欣赏的地方。

同样，每个人也有自己的局限、短处。史铁生曾在《给盲童朋友》一文中说：“残疾无非是一种局限。你们想看而不能看。我呢，想走却不能走。那么健全人呢，他们想飞但不能飞——这是一个比喻，就是说健全人也有局限，这些局限也送给他们困苦和磨难。”所以说每个人都有局限、不足、弱点、缺点，都有力所不能及，每个人都不是完美无缺的，这也是你欣赏别人、学习别人的理由。

四、鼓励教职工努力进取

教职工应该和学生一样不断地进取，不断地自我优化，只有更加优化的自我，才能赢得更加广阔的生存空间。广阔的生存空间不仅能使你的生活更加精彩，更加多姿，而且会使你在人生中有更多的选择权利，有更多选择权利的人不是被迫去选择时，就会更有尊严感和幸福感。其实，每一个现实社会中的人都一样，优化的程度越高，可选择的生存空间才能越大；反之，个人优化的程度越低，可选择的生存空间就越小。另外，教师的职业特点也决定了教师的一生都应处在不断的优化之中。

第二节 学校队伍建设的灵魂与关键

一、学校队伍建设的灵魂

师德建设永远是学校教职工队伍建设的灵魂，没有师德的教职工队伍是没有灵魂的。（这其中也包括学校非教师专业岗位的其他行政后勤人员，下面主要以教师队伍的师德建设为中心进行讨论）教师的师德除了要求具有诚实、公正等一般公民的道德素养以外，还有一些特殊的要求，如博爱、善学、上进、正直等。所以，葛中在四层办公楼的每一层设计一个文化主题，分别是“爱”“学”“勤”“廉”，各层均有十余幅字画与主题相呼应，这成为教师师德建设的重要符号和永久阵地。葛中关于师德建设文化的具体解读节选如下。

一所好的学校必然会有各个维度的优秀文化，继而形成一个结构完整、磁力强大的“文化场”，学校管理就可以借助“文化场”的引力凝聚师生，进而形成共同的价值观和精神动力。因此，在学校“向上、向善、向美、向和，求学、求是、求真、求实”文化内核的总体要求之下，期望广大教师以“爱岗敬业，热爱学生；善学会思，博学善导；勤奋耕耘，甘于奉献；廉洁从教，为人师表”作为师德的基本要求，据此，衍生出“爱、学、勤、廉”为主题的学校办公文化。这是对学校文化内核的进一步丰富和发展，更是学校教师队伍建设中师德建设的基本要求。

爱。教育是爱的艺术，师爱是师德的灵魂。教师要用深沉的爱关心学生心智的成长，在学生最需要帮助的时候伸出援助之手；教师要用宽容的爱包容每一位学生，并为其个性与特长的发展创设有利条件；教师要用博大的爱尊重学生的尊严和人格。

学。《礼记·学记》中说："学然后知不足，教然后知困。"希望各位教师能够不断地学，扎实地学，都成为学富五车、才高八斗的人。真正实现以教师之"长流水"于学生之"一碗水"，让教师授业纵横捭阖、游刃有余。

勤。中国有句俗话，叫作"一勤天下无难事"。《尚书》中有云："功崇唯志，业广唯勤。"勤，是一种美德。我们所说的勤，就是希望教师要珍惜时间，勤于学习，勤于辅导，勤于思考，勤于探索，勤于实践，勤于总结。

廉。《吕代春秋·忠廉》中说："临大利而不易其义，谓之廉矣。"廉者，不追逐利益；洁者，清清白白，干干净净。廉，作为一种道德要求，便是做人清清白白，做事干干净净，对待财物不苟取、不贪得。常修为教之德，常怀律己之心，增强自律意识，时刻绷紧"廉教弦"，慎权、慎欲、慎情、慎独，清廉从教，在任何情况下都要稳住心神、抗住诱惑、经得起考验。

二、学校队伍建设的关键

适时强化或矫正学校队伍中可能形成和业已形成的文化是队伍建设的关键。

教师队伍在学校发展的各个阶段，都会因为一些特定的原因对教师的思想产生极其重要的影响，一定的思想慢慢地产生、发酵、传递，就会逐渐演变成一种或积极或消极的文化。学校管理者对那些可能形成积极文化的思想应加以肯定，对可能演变成消极文化的思想或现象应加以引导、消解。

2012 年底，葛中部分教师对事关教师待遇的三件事不理解而议论纷纷。一是在 2010 年实行首次宜昌市教育系统公开定岗以后，有几个中层干部和临近退休的教师的岗级提高了，导致原来相同级别的同事现在兑现绩效工资时不一样了；二是实现绩效工资以后，绩效工资在每月的工资中只发了70%，教师不知道剩下的30%怎么发放；三是有的教师看到学校校门处的建设和绿化非常好，怀疑学校将用于教职工福利的钱用于学校的基本建设了。因为三件事情都关乎教师的利益，所以，在教师中传播迅速，影响较大。甚至有些备课组，一上班就开始议论这几件事，直接影响了个别备课组内正常的教学准备与教学研究活动。我意识到，如不进行相应解释，个别教师的情绪必然会不断感染他人，影响其他教师的情绪、工作效率，甚至影响教师队伍的稳定。经过精心准备，我于2013年1月18日下午在全校教职工大会上进行了一次讲话，以这三件事为基础，从积极意义上讲了自己对提高教职工待遇的认识，以“教职工待遇优厚是学校的荣耀”为题做了一场近一个小时的讲话，和广大教师特别是对此心存疑虑的教师们做了一个很好的沟通，有效阻断了这种对学校不信任的负面文化的形成和蔓延。

虽然说学校中，有些教师不好好工作，花不少的时间在下面议论待遇问题会产生相当消极的影响，我私下里对此有些生气，但是，身为学校管理者必须从对教职工理解与认同的角度出发，并以此为基点，才能实现与教师的沟通并达成共识，才能建设好学校队伍。

第三节　学校队伍建设的重点

引领教师实现专业发展是学校队伍建设的重点。

1966年，联合国教科文组织在《关于教师地位的建议》中提出，教师工作应被视为一种专门的职业，是一种必须经过严格训练且持续不断的研究才能够获得资格的职业类型。1986年，在国家统计局、国家标准局联合发布的《中华人民共和国国家标准职业分类与代码》中，教师职业被列在“专业、技术人员”这一大类。

然而，作为专业人员的教师，其专业发展的内涵或范畴究竟是什么？如何发展？研究者较多，但思路、结论各异。

2012年2月，教育部发布《中学教师专业标准》（以下简称《标准》）。《标准》的定位是“对合格中学教师的基本专业要求，是中学教师实施教育教学行为的基本规范，是引领中学教师专业发展的基本准则，是中学教师培养、准入、培训、考核等工作的重要依据”，包含三个维度、十四个领域、六十一项基本要求。我认为，教师的专业发展可以从专业思想、专业动机、专业知识、专业精神、专业能力、专业人格和专业智慧七个方面来考虑。

一、专业思想的构建

专业思想的内涵包括两个方面：一是更新教育思想，即教育思想与时代发展同步，如从“师道尊严”的教育到“爱”的教育再到“民主”的教育。二是筑牢专业思想，即矢志于教育而不渝。也就是说，教师要有善耐寂寞、潜心学术、甘于淡泊的人生境界和追求卓越的治学境界。专业思想牢固的具体表现就是教师能够做到爱教育、爱学生、爱学校、爱同事。

要构建教师的专业思想，学校管理者就应该从专业思想的内涵出发，即鼓励教师更新教育观念、筑牢教育思想。

比如，鼓励教师矢志于教育，我这样与教师们交流：

李镇西老师说得好：如果你对职业不满意，可以也只有两种选择——要么改变职业，要么改变职业心态！各位老师，为了你个人的幸福，也为了你的学生乃至“大教育”，如果你有其他令你幸福的职业可以选择，请你另外选择；如果没有其他令你幸福的职业可以选择，那么，请你改变职业心态！

又如，鼓励教师爱学生，我与教师们交流：

爱学生的至高境界就是真心欣赏每一个学生。为什么要欣赏我们的学生？他们本身就是非常棒的，每一个人都有自己的闪光点。另外，大家知道，现实中教育评价的误区是显而易见的，其实，孩子未来的成就与在学校的成绩乃至表现并没有必然的关系。所以，请大胆地去爱每一个学生、大胆地去欣赏每一个学生，绝对不会失败。相反，如果蔑视一个学生、矮化一个学生，那才注定会失败。请记住：不要因为偏见，导致你将金子视为黄沙。

二、专业动机的端正

通俗地说，教师的专业动机就是为什么要当教师。我曾经研究过教师之所以成为教师的原因。一是碰巧做了教师，如填志愿时受人影响而填选了师范学校，或高校录取时的意外。二是虽不情愿，但因别无选择而做了教师。三是天生就是做教师的料。这种人喜欢孩子，喜欢在人前滔滔不绝，且具有将枯燥的事情或问题进行生动描述的能力。四是为了爱与精神的引领。这种人具有将自己对人类的爱奉献给孩子的愿望，愿意将自己的智慧和力量用于对孩子精神的培养和引领。其实，无论出于什么原因当了教师，最重要的是要明白，教师的职业不可能让人大富大贵，也难以让人名传千古，但教师作为传承人类文明的使者，其生命的价值是不可低估的。这就足够了。

我曾让教师阅读美国著名女诗人艾米莉·狄金森的诗《如果我能使一颗心免于哀伤》。

如果我能使一颗心免于哀伤
我就不虚此生
如果我能解除一个生命的痛苦
平息一种酸辛处
帮助一只昏厥的知更鸟
重新回到巢中
我就不虚此生。

我的目的是让教师明白，"帮助一只昏厥的知更鸟重新回到巢中，就不虚此生"，教师一辈子在帮助一个一个孩子成人、成才，教师的职业会让你此生虚度吗？帮助教师提升对职业价值的认识，更需要提醒和强调的是教师选择从教，不是为了有口饭吃，也不是为了安逸和享受，而是为祖国培养具有创新精神、实践能力的全面发展的人，只有这样，教师的生命才不会虚度。

三、专业知识的丰富

我认为，人类的一切文明成果都对教师的教学活动或育人事业有所帮助，因此教师的专业知识是没有边界的。但是，如果非要进行具体说明，教师专业知识主要包括三大类：学科专业知识、传授学科专业知识的知识、通识性知识。

（一）学科专业知识

学科专业知识解决的是课堂教学"能教"的问题。当然，现在的教师由过去只教一门专业课，到现在必须能够开设校本课程，这是对教师专业知识的挑战，更给教师专业知识的丰富与发展提供了机会。

（二）传授学科专业知识的知识

传授学科专业知识的知识是解决"善教""会教"的问题，会不会教是一个非常现实而具体的问题，这其中包括教育学、心理学等知识。我们看看下面这个例子。

20世纪70年代，美国一所幼儿园让小朋友学习集合的概念。某数学家的儿子学了集合，回家后高兴得不得了。

儿子："爸爸，我们今天学集合了。"

数学家问："老师怎么讲的？"

儿子说："老师先请全班同学站起来，说，这是我们全班同学的集合。老师请我们班上的小男孩站起来，说，这是我们班小男孩的集合。又请班上的小女孩站起来，说，这是我们班小女孩的集合。最后请班上的白人小朋友和黑人小朋友分别站起来，说，这就是我们班上白人小朋友、黑人小朋友的集合。"

数学家为了考考儿子，便把家里的几个凳子放在一起，问："这是不是一个集合？"

儿子想了半天，说："是的。"

数学家又从厨房拎出一袋土豆，问："这些土豆是不是集合？"

这可把他的儿子难住了，过了好长时间，儿子说："这不是集合，除非你让它们站起来。"

这个故事听起来很可笑，却告诉了我们一个非常深刻的道理：幼儿园的教师其实并没有教错，但犯了一个致命的错误，即将一个概念的非核心要素反复地强化，那就是"站起来"。其实，这样的错误几乎每天都发生在我们的课堂上，这就叫"不会教"或"不善教"。

（三）通识性知识

历史、哲学、数学、经济、军事等一切知识对教师而言都是有用的，因为，这些知识都可以被引用到我们的课堂教学中来，更主要的是我们的学生可能对这些问题感兴趣。

四、专业精神的增强

教师专业精神的集中体现是研究精神、团队精神、创新精神。

研究精神是教师的基本精神之一，是教师无须刻意修炼的一种精神，因为只要教师积极地、全身心地投入教育教学工作之中，就会自然而然地成为一名研究者。教育教学中案例的积累是研究，备课是研究，上课后的反思是研究，课后辅导和作业批改也是研究。

团队精神就是合作意识、群体意识的集中反映。世界上没有完美的个人，但存在完美的团队，学校应该构建相互欣赏、共同发展的教师团队。

创新精神是教师完成好工作的必需。在教学活动中，教师是学生的直接榜样，教师的创造性思维方式和工作方式能为学生的创造行为提供示范，所以，教师应当将创新渗透到一切教学活动中。教师从事的是创造性工作，没有创新精神的教师，不可能培养出创新型人才。

五、专业能力的提升

对教师专业能力的要求与对其他任何专业对其专业人员的要求一样，都是“活到老，学到老”。特别是新课程改革，给教师专业能力的提升提供了一个重要契机。比如，随着科技的进步，课堂教学中，众多新技术逐渐融入课堂，教师的专业能力也必须随之提升。其实，教师的专业能力远不止这些。《标准》中对于中学教师的专业能力共提出六项，即教学设计能力、教学实施能力、班级管理与教育活动能力、教育教学评价能力、沟通与合作能力、反思与发展能力。

教师专业能力的提升是没有止境的。例如，语文知识是没有边界的，之所以这么说，一是语文教学的素材没有边界，如要学散文可以选出不知多少篇文章作为素材；二是对素材的解读没有边界，一个词、一句话、一篇文章，究竟哪种解读才是准确的，没有确定的答案；三是一节课究竟达成什么目标没有边界，教师可以根据教材内容和学生的具体情况确立教学目标。这足以说明教师专业能力的提升永远是正在进行时。

六、专业人格的完善

人格是一个内涵比较丰富的概念。一般认为，人格的内涵包括气质、性格、能力、兴趣、爱好、需要、理想、信念等。教师由以自我为中心变为以学生为中心，由课程的执行者变为课程的构建者，从独裁课堂走向民主课堂，这些看似是教育理念的转变或专业思想的提升，实为专业人格的完善。因为，这些转变在本质上是教师的一种人格转向。

教师良好人格的表现是非常具体的，如不拉帮结派结成小团体，不溜须拍马、阿谀逢迎，不投机钻营、沽名钓誉、不歧视差生、一视同仁等。又如，教师必须要让学生感受到自己是热爱教师职业和学生的，是幸福的，因为，这对学生的人格养成和幸福感的提升将产生直接的影响。

七、专业智慧的开启

教师需要智慧，更需要触及学生灵魂的智慧。为什么教师要有触及学生灵魂的智慧？苏联教育家加里宁指出，教师是人类灵魂的工程师，这个工程师是通过教学活动在学生的心灵上精心施工的。爱因斯坦说："什么是教育？当你把你受过的教育都忘记后，剩下的就是教育。"因为真正的教育是构筑、塑造学生的灵魂，所以，教师应具有能够触及学生灵魂的智慧。同样，所谓"受教育"实质上是学生在经过学校一切有意义的教育教学活动之后，所衍生出来的存留于学生灵魂之中的态度、能力、方法、情感、价值观等，而不是学生所接受的教育本身，更不是所接受的具体知识本身。所以，教师必须要有触及学生灵魂的智慧，从而完成教育的根本使命——帮助学生构筑高尚的灵魂。①

① 雷丹琼，付全新．教师要有触及学生灵魂的智慧［J］．新课程研究，2006（1）：54.

第四节　学校干部队伍建设的特殊要求

前面所讨论的教师队伍建设的全部内容，对干部队伍建设同样是必要的。但在学校实施文化管理、进行队伍建设的过程中，还必须对干部队伍有一些特殊的要求。

一、管理理念的培养

先进的管理理念决定管理行为的方向和效度。在实施文化管理的实践中，学校管理者尤其要注意对中层管理干部正确管理理念的培养，因为学校的许多决策都是由他们去落实的。要培养全体干部的管理理念，需要做到以下几点。

首先，全体干部必须在思想上牢固树立相信教师、依靠教师、尊重教师、改变教师的管理理念。相信教师——他们有非常强烈的使我们的学校更受社会信赖，使我们的师生更受社会尊重的愿望；依靠教师——只有全校教师共同努力，我们的学校才会变得更好；尊重教师——构建相互欣赏、共同发展的教师团队；改变教师——引领教师实现自我优化。对学生亦然，即相信学生、依靠学生（学习活动和学生管理都是如此）、尊重学生、改变（优化）学生。

其次，在具体工作的布置和安排上，全体干部应树立先弄清意义再开展工作的理念。这是学校实施文化管理的必然要求，也是开展一切管理活动的基本要求。我在全校行政会上不止一次强调："有些同志在工作中嫌麻烦，对相应的管理要求也不做必要的解释，给学生或教师讲的时候，都是一句话：'学校决定……'使师生听着就不舒服。如果学校的决定有道理，你为什么不给师生做相应的诠释？如果学校的决定有道理，但是你说不出道理，你为什么要执行？如果学校的决定没有道理，你为什么要执行，还要绑架你可以施加影响的师生一起执行？”

最后，在对待工作的结果上，全体干部要树立不找借口的理念。在许多学校中，当布置一项工作任务给干部时，往往会出现这样两种情况。一是没有完成情况的反馈。一项任务布置下去，但到了完成时间，执行任务的干部很少主动反馈任务完成情况。二是执行任务的干部在没有完成任务时，解释几乎是相同的：“我已经传达给他们了”或“我已经跟谁谁谁说了”。意思是，之所以没有完成，责任是其他人执行不力。面对这种情况，身为校长我常常会在干部会上或是与干部的个别交流中指出：干部必须要有担当精神，乐于接受任务并乐于接受难度大的工作，这是一种担当；当接受任务后因为种种原因未能完成任务而坦诚地承认自己的过失，这同样是一种担当。我所带领的干部团队，一般经过三年左右的努力，基本就可以做到对任务的执行情况有反馈，在任务推进上也能进行持续的跟进直至任务完成，干部团队的执行力有明显提高，多数干部能够做到“我的岗位请放心”。

二、学习习惯的培养

现代教育变革的速度非常快，一支队伍如果不学习是注定要被时代所淘汰的，因此，必须使全体干部养成良好的学习习惯。比如，在开行政会的时候，我总是先组织干部们进行业务学习，对他们提出一定的学习要求。为了进一步促进干部学习习惯的养成，学校给全体干部配发了学习资料，如《爱弥儿》《斯宾塞的快乐教育》等教育类著作和《卓有成效的管理者》等管理类书籍。

三、吃苦精神的培养

学校干部必须养成吃苦精神。我对干部们无数次地强调，要让我们的学校更受社会信赖，让我们的师生更受社会尊重，唯一的途径就是一个字“干”。谁干？全体干部带头干，带着全体教师一起干；全体教师引领全体学生一起干。既然要干，就必须有吃苦耐劳的精神。我要求干部必须“晚坐班”，教师根据情况“晚坐班”，并且进行考勤，学校根据考勤情况发放晚坐班补贴。干部晚坐班干什么？三件事：一是学习；二是做研究写文章；三是备课和批改作业。通过晚坐班强化干部的吃苦精神，同时也提升干部的专业素养。

第五节　校长的个人修为与学校队伍建设

校长是学校的灵魂，是学校教育教学管理工作的核心。作为学校的决策者，教师的“领头羊”，学生的“孩子王”，校长自身修为的高低直接决定着学校的办学品位与教育质量。

一、校长提升个人修为的基本途径

（一）坚持学习

一是系统地进行理论学习。实用主义教育家杜威说过：“理论是世界上最实际的东西。”这句话实在很令人费解，物质层面的东西才应该是最实际的，理论为何是最实际的东西？其实，理论与物质同样实际。比如，能量守恒定律就是一个理论，它告诉我们制造永动机是不可能的。这就是理论对生产实践的指导，它彰显出“理论是世界上最实际的东西”。教育理论对于实践的价值和作用亦然。这些年我养成了每天至少读5000字的习惯，近十年仅剪贴的文章就将近一千篇，有三百万字之多。

二是向优秀校长学习。教育实践中产生了一大批学有建树、治校有方的校长，如北京市十一学校李希贵校长，刚刚卸任的上海中学唐盛昌校长等，他们都是校长中的佼佼者。我通过研读他们的著作、阅读介绍他们治校方法的文章、听他们的报告向他们学习。

（二）躬身实践

校长是学校的领导者，但这绝不是说，校长就是一个站在队伍外面“喊口号”或“下命令”的人。在校长推行各种新的改革举措的时候，如果说诠释意义是第一位的工作，那么自己将怎么做就是第二位的工作。比如，对于一般的管理性要求，校长要以身作则。我号召教师读书、写文章，我自己先读书、写文章，争取每一年都在省级以上刊物上至少发表两篇文章。又如，对于教学改革的新举措，校长要带头实践。盘点在学校中各种开创性的工作都是我先做、带头做。比如，推行新课程改革的全过程中，所有开创性的“第一次”的工作几乎几乎都是我身体力行来推动的。开展研究性学习的第一次全校教师培训和学生培训，我亲拟《研究性学习课题结题报告点评的规范要求》，明确点评内容必须包含课题价值、研究方法、研究过程、研究成果、需要深化研究的问题和方向五个方面，并拿出自己给学生所做的研究性学习点评的案例；校本课程开发是我进行动员的，且首先写出学校第一本 25 万字之多的校本课程教材《哲人　哲思》，后来被湖北省评为“校本课程特等奖”，我将自己开发的校本课程推介给教务处，和所有开课教师一样接受学生的选课；学校推行“分步达标教学法”的课堂教学模式改革，我亲自在高二年级进行为期一周的五节观摩性课堂教学，让全校教师观摩学习；学校倡导制作微课，我亦是最早在学校尝试制作微课的人之一；学校进行“移动课堂教学”的实践，我最先尝试上一节……

（三）不断反思

反思是管理者对已经进行过的管理过程进行反复思考、提炼经验、上升理性的一个过程。特别是对新事物进行研究、思考，具有非常重要的价值。

反复思考、提炼经验、上升理性三个方面是一个紧密联系的整体，不能分割。比如，我从 2004 年开始关注校本课程，学习、搜集了大量关于校本课程开发和开设的资料，系统地阅读崔允漷的《校本课程开发：理论与实践》、王斌华的《校本课程论》、丛立新的《课程论问题》等专业著作，并于 2006 年尝试进行相关实践，给学生开设《人文启思讲堂》校本课程，旨在培养学生的人文素养和人文情怀。2009 年，湖北省新课程改革启动以后，我在学校全面推进校本课程开发与开设工作，带头申报《哲人　哲思》校本课程，教师的积极性非常高，学校一百多位专职教师申报课题近百个。学校教务处相关同志提出，最好能够进行一次初步的筛选，提交五十门左右的课程交给学生进行选课。因此，实践中有一个问题越来越清晰，即校本课程开发与开设的价值取向是什么？后来，经过两个学年共八次校本课程的选课和上课的实践，这个问题的答案越来越清晰。经过近三个月的总结与提炼，我撰写了一篇题为《课程改革深化背景下校本课程开发的价值取向及实现路径》的文章，在 2013 年第 9 期《课程·教材·教法》杂志上发表，后被中国人民大学复印资料中心《中小学教育》在 2014 年第 2 期全文收录。这是一个由学习、实践、反思所组成的完整过程，也是校长提升个人修养基本路径的一次完整呈现。

二、校长的个人修为对学校队伍建设的引导

（一）与教职工保持美的距离

作为一校之长，天天都与教职工在一起，是当一名高高在上的领导，还是与教职工打成一片，或是介于两者之间？现实中的校长，应该兼备以上三种角色。某中学的校领导和教师在一起总是讲“荤话”，真可谓“其乐融融”。我有一次偶然参加了他们的一个聚会，实在觉得不习惯。这种校长与教职工的距离太近，必然让自己或学校的威信降低。戴高乐将军说过：“没有威信就不会有权威，而除非他与人保持距离，他就不会有威信。”因此，校长与教师保持一定距离是必需的。当然，如果一个校长始终高高在上，距离太远，教师也是不能接受的。因为，《学记》中说：“亲其师，信其道；恶其师，疏其道。”加之文化管理本身是一种重视教职工的情感与体验的管理，与教职工情感距离太远或太过疏离的校长，也不会受教师喜欢。

那么，究竟多远的距离才是美的距离呢？比如，校长在内心里必须与广大教职工保持足够近的距离，在工作上保持较近的距离，在生活中保持相对较远的距离。也就是说，在决策时要与教职工的心贴在一起，站在他们的立场上多想想；而生活上应相对远一点，不要经常进行一些所谓的小范围聚会，如一起喝酒、打牌，这种建立小团体的做法只会使整个学校的

凝聚力越来越差。再举一个批评人的例子来说明美的距离。有时批评需调侃，有时批评需严厉；有时是假批，有时是真训；私下批评要一针见血，当众批评要点到为止。但是，无论采用哪一种方法都应该让对方感受到对他的希望和信任。

（二）注意引导教职工对学校形成合理的诉求

学校必须为教职工服务，正如前文所述“要让教师契合学校，学校先要契合教师”。但是，校长必须对教师提出的诉求加以引导，使其尽量合理：如果不是学校或校长能力范围内的诉求最好不要提；提出一个不合理的诉求却未满足时，不应在教师中散布一些不良情绪；等等。要引导教职工形成合理诉求，就应想教师之所想、急教师之所急，即帮他们解决工作、生活中的问题。比如，将所有教职工子女的升学问题全部包下，统一解决；每年给女教职工体检一次，每两年全校教师体检一次，体检费由原来的一百多元提高到现在的五百多元；努力帮教职工子女安排工作等。

（三）成为学校中能诠释最多教育教学问题的人

校长不仅是一位领导者，同样是一位教师，是一位会组织学生共同完成一定学科乃至所有学科教学任务的教师，是一位会组织教师共同完成全校教育教学工作任务的教师。从这个意义上讲，校长必须是学校中能够诠释最多教育教学问题的人，也就说，校长应该是学校中最有学问的人。如何能够成为学校中诠释最多教育教学问题的人？前述学习、实践、反思是基本的乃至唯一的途径。

（四）做一个真正意义上的领导者

约翰·科特是举世闻名的领导专家，也是管理行为学和领导科学的权威，他指出，领导和管理是两个截然不同的概念：（1）管理者设定指标和目标，制订完成任务的步骤，分配资源以完成计划；领导者制订未来的远景，并通过制订和实施种种变革为实现远景服务。（2）管理者通过控制和解决问题来确保计划的完成；领导者通过远景及其实现来激励和鼓舞员工。（3）管理者通过组织和配备人员来发展完成计划的能力；领导者更多的是想办法让员工的行动协调一致。①

校长应做一个真正意义上的领导者，从学校的远景着眼，带领全校师生向着远景前进。我在管理实践中，在师生遇到困难的时候，通常做的第一件事情就是站在他们的角度去理解他们的感受；第二件事情就是用自己的经历和所知或召开会议，集中大家的智慧，告诉教师们应该怎么做；最后就是用学校的远景来鼓励师生，告诉他们我们所面临的困难只是暂时的，增强每一个人的信心和勇气。第一件事情对我来说是比较容易做到的，因为我已经养成了一种情怀、一种情感、一种理念；要做到第二件事情需要丰富的经验和知识，这对于任何一位校长都是一种挑战，增加经验和知识的方法就是学习，这是我一直追求的工作和生活的状态；最后的鼓励最重要，一名校长，是学生的老师，也是一所学校中老师的老师，力争做一个在师生疲倦或想偷懒时，能够给师生增加勇气的人，那才是做教师、做领导者的至高境界。

---

① 王建军，杨智恒．管理思想史［M］．成都：四川大学出版社，2007：263—264.

参考文献

[1] 威廉·大内.Z理论（珍藏版）[M].朱雁斌译.北京：机械工业出版社，2007.

[2] 亨利·法约尔.工业管理与一般管理[M].周安华等译.北京：中国社会科学出版社，1982.

[3] 吉尔特·霍夫斯泰德，格特·扬·霍夫斯泰德.文化与组织：心理软件的力量（第二版）[M].李原，孙健敏译.北京：中国人民大学出版社，2010.

[4] 埃德加·沙因.组织文化与领导力[M].马红宇，王斌等译.北京：中国人民大学出版社，2011.

[5] 彼得·圣吉.第五项修炼：学习型组织的艺术与实践[M].张成林译.北京：中信出版社，2009.

[6] 杰克·费茨-恩兹.绩优公司的最佳做法[M].孟俭译.上海：上海人民出版社，1998.

[7] 康拉德·菲利普·科塔克.简明文化人类学：人类之镜（第五版）[M].熊茜超，陈诗译.上海：上海社会科学院出版社，2011.

[8] 克劳德·小乔治.管理思想史[M].孙耀君译.北京：商务印书馆，1985.

[9] 克利福德·格尔茨.文化的解释[M].韩莉译.南京：译林出版社，1999.

[10] F.W.泰罗.科学管理原理[M].胡隆昶等译.北京：中国社会科学出版社，1984.

[11] 小詹姆斯·H. 唐纳利，詹姆斯·L. 吉布森，约翰·M. 伊凡．管理学基础——职能·行为·模型 [M]．北京：中国人民大学出版社，1982.

[12] 久下荣志郎等．现代教育行政学 [M]．李兆田等译．北京：教育科学出版社，1981.

[13] 安德泽杰·胡克金斯基．管理宗师：世界一流的管理思想 [M]．王宏方译．大连：东北财经大学出版社，1998.

[14] 雷蒙德·威廉斯．文化与社会 [M]．吴松江，张文定译．北京：北京大学出版社，1991.

[15] 斯图尔特·克雷纳．管理百年：20 世纪管理思想与实践的批判性回顾 [M]．邱琼等译．海口：海南出版社，2003.

[16] 特瑞·伊格尔顿．文化的观念 [M]．方杰译．南京：南京大学出版社，2006.

[17] 安文铸．学校管理辞典 [M]．北京：中国科学技术出版社，1991.

[18] 陈永明等．教育领导学 [M]．北京：北京大学出版社，2010.

[19] 陈玉琨．一流学校的建设——陈玉琨教育讲演录 [M]．上海：华东师范大学出版社，2008.

[20] 高益民．学校文化凝练 [M]．北京：教育科学出版社，2013.

[21] 哈罗德·孔茨，海因茨·韦里克．管理学（第 10 版）[M]．张晓君等编译．北京：经济科学出版社，1998.

[22] 李希贵．为了自由呼吸的教育 [M]．北京：高等教育出版社，2005.

[23] 梁漱溟．东西方文化及其哲学 [M]．北京：商务印书馆，2010.

[24] 梁漱溟．中国文化的命运 [M]．北京：中信出版社，2010.

[25] 梁漱溟．中国文化要义 [M]．上海：上海人民出版社，2011.

[26] 刘文修，王恩民．学校管理 [M]．北京：人民教育出版

社，1992.

[27] 刘熙瑞．现代管理学基础［M］．北京：高等教育出版社，1991.

[28] 罗森塔尔，尤金．简明哲学辞典［M］．北京：生活·读书·新知三联书店，1973.

[29] 司马云杰．文化价值论——关于文化建构价值意识的学说［M］．合肥：安徽教育出版社，2011.

[30] 苏勇．当代西方管理学流派［M］．上海：复旦大学出版社，2007.

[31] 孙鹤娟．学校文化管理［M］．北京：教育科学出版社，2004.

[32] 韦恩·K. 霍伊，塞西尔·G. 米斯克尔．教育管理学：理论·研究·实践（第 7 版）［M］．范国睿主译. 北京：教育科学出版社，2007.

[33] 吴柏林．公司文化管理［M］．广州：广东经济出版社，2004.

[34] 吴昕．学校管理概论［M］．沈阳：辽海出版社，2002.

[35] 辛旗．百年的沉思——回顾二十世纪主导人类发展的文化观念［M］．北京：华艺出版社，2006.

[36] 徐国华，张德，赵平．管理学［M］．北京：清华大学出版社，1998.

[37] 杨文俊．普通学校管理学［M］．西安：陕西人民教育出版社，1988.

[38] 殷海光．中国文化的展望［M］．上海：上海三联书店，2002.

[39] 应焕红．公司文化管理——永续经营的动力源泉［M］．北京：中国经济出版社，2001.

[40] 张东娇．学校文化管理［M］．北京：教育科学出版社，2013.

[41] 张济正．学校管理学导论（修订本）［M］．上海：华东师范大学出版社，1990.

[42] 张尚仁．管理·管理学与管理哲学［M］．昆明：云南人民出版

社，1987.

[43] 赵中建，顾吉祥，于家太．学校管理体系与ISO9000标准——江阴高中实验学校应用ISO9000实例［M］．上海：华东师范大学出版社，2003.

[44] 周三多．管理学［M］．北京：高等教育出版社，2000.

[45] 吴福平．文化管理的文化缺失［J］．思想战线，2011，37（6）.

[46] 樊娟. 文化之维——高校管理的新视角［J］. 江苏高教，2010（6）.

[47] 郭元祥．论学校的办学理念［J］．教育科学论坛，2006（4）.

[48] 胡国栋．管理理论丛林分化的逻辑脉络及其整合的理论路径［J］．云南财经大学学报，2013（4）.

[49] 康万栋. 文化管理：学校管理的新走向［J］. 天津教育，2007（8）.

[50] 黎红雷．"文化人"假设及其管理理念——知识社会的管理哲学［J］．中山大学学报（社会科学版），1999，39（6）.

[51] 李继秀．教师发展与学校组织变革创新［J］．教育研究，2008（3）.

[52] 刘焕荣，徐立梅．文化管理的本质特征和主要特点［J］．商业研究，2002（3）.

[53] 刘丽云，任建华．学校共同愿景的生成［J］．湖南大众传媒职业技术学院学报．2013，13（2）.

[54] 裴娣娜．多元文化与基础教育课程文化建设的几点思考［J］．教育发展研究，2002（4）.

[55] 沙培宁．教育管理学人的实践转向——一个"媒体人"的视角［J］．复旦教育论坛，2010，8（2）.

[56] 魏文斌．西方管理学流派的重新划分［J］．国外社会科学，2011（3）.

[57] 吴剑平，李功强，张德. 试论大学管理模式与世界一流大学建

设 [J]. 清华大学教育研究，2004，25 (2) .

[58] 向吉英 . 管理文化与文化管理 [J] . 暨南学报 (哲学社会科学版)，2001，23 (4) .

[59] 杨天平 . 论教育管理学的性质 [J] . 教育研究，2005 (1) .

[60] 张德 . 从科学管理到文化管理——企业管理的软化趋势 [J] . 清华大学学报 (哲学社会科学版)，1993，8 (1) .

[61] 张伟坤，黄崴 . 近十年我国教育管理理论研究的进展与反思 [J] . 中国高教研究，2013 (2) .

[62] 张新平 . 论教育管理学的社会科学属性 [J] . 南京师大学报 (社会科学版)，2007 (1) .

[63] 张新平 . 外国教育管理学理论发展50年 [J] . 华东师范大学学报 (教育科学版)，2003，21 (4) .

[64] 张新平，陈学军 . 试论我国教育管理学的理论类型 [J] . 教育学报，2011，7 (1) .

[65] 丁钢 . 文化管理的自觉诉求与理论构建 [J] . 江海学刊，2009 (6) .

后　　记

学校实施任何形态管理的最终目的就是为了无须管理，即达到老子所说的“我无为，而民自化”的境界。我认为，只有长期实施文化管理的学校才有可能做到。学校文化管理是通过对管理要求或学校需要的意义诠释，帮助师生构建意义，在师生实现意义自觉的基础上，使每位师生实现自我管理，最终达到无须管理。

本书以我的博士论文为主体，做了大幅度的删减与改编。回过头来看，本书内容虽然充实，但至少还有三个非常重要的问题有深入研究的必要。第一，文化管理的核心是管理者对意义的诠释及组织成员对意义的自觉和认同，如果能够从心理学的角度研究意义自觉和认同的心理机制，无疑会大大提高管理者意义诠释的针对性和影响力，必然会使管理的效率大为提高。第二，近代西方人性假设对管理学的影响颇大，现已提出“经济人”“复杂人”“社会人”“自我实现人”“文化人”等多种假设，但我认为这些分类基本都是以企业员工或一般社会成员为研究对象或分类对象的，而学校中的师生绝对不与之等同，他们是特殊的人群，称之为“学校人”比较合适，那么，我们对“学校人”的基本假设是什么，他们有什么特质等，如果能够对此有一个深入的研究，肯定会对充实文化管理的理论有重要价值。第三，虽已提出学校文化管理的层次理论，但是，究竟如何对学校实施文化管理的状态和水平进行相应“层次”的科学评价和确认，还是值得进行相关的后续研究。

正如孔德所说：“我们研究人的方法确实是主观的，但不可能是个人的。因为我们想要认识的主体不是个人的意识，而是普遍的主体。”① 我所研究的学校文化管理主要基于我个人的实践，主观性是明显的，但我想要认识的学校文化管理问题绝不是我个人意识的产物，而是管理理论工作者和管理实践工作者尤其是学校管理实践工作者，所普遍关注与致力研究的问题。只是限于我接触的师生及我所搜集的资料，没办法实现如孔德所说的“是普遍的主体”，所以，虽然有较多创新成分在其中，但仍然注定我的研究是碎片式的、不完整的、不十分严谨的。希望各位同人能够不吝批评和指正！

付全新

① 转引自：恩斯特·卡西尔．人论［M］．甘阳译．上海：上海译文出版社，2004：90.

江苏凤凰教育出版社
《行知工程》系列丛书目录

系列	序号	书　　名	主编	定价
生态化校园系列	1	《文化管理——构建生态和谐校园的必由之路》	付全新	30.00
	2	《点燃学习的激情——构建校园生态化学习型组织》	杨树岳	30.00
	3	《课改突围——构建学校生态化教学体系》	杨树岳	30.00
教育家核心思想系列	4	《叶圣陶论写作》	叶圣陶 著 李怀源 选编	30.00
	5	《叶圣陶谈阅读》	叶圣陶 著 李怀源 选编	30.00
	6	《多元智能理论的本土化应用》	刘治富	30.00
	7	《大教育家最具施教力的教学思想》	白刚勋	30.00
教育求索系列	8	《欣说教育那"一亩三分地" ——一位一线教师的教育微思考》	王庆欣	30.00
	9	《爱的守望——一位一线教师对教育的坚守》	林卫红	30.00
	10	《思政教学的人文力量》	戴晓华	30.00
	11	《师道新说——给教育者的30条箴言》	徐　卫	30.00
创新教学探索系列	12	《玩出精彩作文——张化万活动作文教学经典策略》	张化万	35.00
	13	《〈红楼梦〉里的语文课》	李日芳	30.00
	14	《品世界名画，学精彩作文 ——特级教师的"名画"作文教学法》	李日芳	36.00
	15	《让学生把母语用精彩——"语用课堂"的探索与实践》	余小红	30.00
	16	《"备"出课堂精彩——备学式教学的课堂实践与思考》	张旭兰	30.00
	17	《神奇的阅读教室——带学生踏上美妙的阅读之旅》	李祖文	30.00
	18	《打造有生命力的课堂 ——"两步八环节"教学模式探索与实践》	查联智	30.00
	19	《最能培养学生探究能力的课堂 ——小学科学与信息技术单元整体课程实施与评价》	李怀源	30.00
	20	《最能激发学生运动天赋的课堂 ——小学体育单元整体课程实施与评价》	李怀源	30.00
	21	《最能提升学生艺术素养的课堂 ——小学艺术单元整体课程实施与评价》	李怀源	30.00
	22	《"生命语文"探索——焕发语文生命力的思考与实践》	王自成	30.00
	23	《粘连作文教学：让习作成为有个性的自我建构》	黄瑞夷	30.00
	24	《备学式教学——在体验中建构数学思维》	单广红　范雪梅	30.00

系列	序号	书　　　名	主编	定价
学生心理解码系列	25	《在人生的春天播种——十四岁，写给青春的一封信》	白宏宽	30.00
	26	《孩子问题行为一点通 ——只有好老师才知道的学生心理谜底》	严育洪	30.00
创新教学探索系列	27	《向着自主进发——自主教育的创新实施智慧》	朱亚红	30.00
	28	《写中学——让学习更有效的学科写作教学》	钟传祎	30.00
	29	《小学科学实验总动员——大科学课堂有效提升学生创新力》	江美华	30.00
	30	《小学语文单元整体课程实施与评价》	李怀源	30.00
	31	《小学英语单元整体课程实施与评价》	李怀源	30.00
	32	《小学数学单元整体课程实施与评价》	李怀源	30.00
	33	《让教学更能激发智慧——“思维碰撞”课堂的建构与实施》	程和方	30.00
校本研修系列	34	《徜徉语文教研》	肖俊宇	35.00
	35	《校本研修资源的开发与利用》	陈朝林	30.00
	36	《校本研修与教师专业成长》	吴积军	30.00
	37	《卓越教师经典研修成长策略》	刘天宝等	30.00
	38	《特色校本课程开发范例解读》	刘永平　李秀伟 张雪梅	30.00
	39	《高效校本研修模型构建艺术》	刘素雁	30.00
	40	《走向实践的教研——中小学教育科研引领与应用》	江　敏	30.00
名校系列	41	《让每个孩子都成志 ——清华附小主题阅读课程的实施探索》	窦桂梅	30.00
	42	《让每个孩子都成志 ——清华附小主题实践课程的实施探索》	窦桂梅	35.00
	43	《向着朝阳走去——清华附小合作办学实践探索》	窦桂梅	30.00
精彩课堂系列	44	《给孩子更好的数学课堂》	易增加	30.00
	45	《小学生阅读素养的提升策略》	邵巧治	35.00
	46	《从语文素养走向生命成长——小学语文读写课堂教学密码》	曾海玲	30.00
	47	《真实的品德课》	朱淑秀	30.00
	48	《英语课堂学习共同体——新型的师生交互学习场》	杨延从	30.00
	49	《指导自主学习——初中数学学与教的研究与实践》	刘其武	30.00
	50	《玩出精彩的课堂——小学低年级教与学方式转变研究》	陶红松	30.00
	51	《让生命之花自主绽放——语文个性化教学建构策略》	商德远	30.00
	52	《让学生亲历知识——主体参与下体验式学习的实施策略》	何世祥	30.00
教育管理力系列	53	《缔造唯美教育——延奎小学素质教育实施策略》	易增加	30.00
	54	《让普通学校崛起的 20 个细节——“生命为本”教育团队成长密码》	李其玉	30.00
	55	《“走”出教育的精彩：走动式学校管理文化构建》	罗　军	30.00
	56	《校长兵法：学校管理四十六计》	皮大鹏	30.00

系列	序号	书名	主编	定价
教育思想者系列	57	《高效教学的道与术——陶继新教育讲演录》	陶继新	30.00
	58	《名校之道——陶继新对话名校长（1）》	陶继新	30.00
	59	《教育，一切从孩子出发》	黄俭	30.00
教师修炼系列	60	《教育，爱与宽容——教师心灵礼仪修炼》	许力争	30.00
班级文化系列	61	《活力班级的文化建设》	胡珏	30.00
	62	《做幸福的班主任》	吕丽	26.00
高效能教学系列	63	《高效能教师的 10 个好习惯（中学卷）》	张瑾	30.00
	64	《让作文落地生根——提高写作实效的教学策略》	黄桂林	30.00
	65	《高效能作文教学 5 项修炼》	陈步华	30.00
	66	《高效能校长的 10 个好习惯》	张勤	30.00
	67	《高效能教师的 10 个好习惯（小学卷）》	谢英	30.00
	68	《高效能语文教学 5 项修炼》	王其华	30.00
新课程探索系列	69	《语文新课程的批判与重建》	葛桂斌	30.00
美国名师教学译丛	70	《美国名师游戏教学本土化应用：幼儿园》	（美）玛西娅 L. 泰特 著 胡珍 瞿菁 编译	30.00
	71	《美国名师游戏教学本土化应用：小学英语》	（美）玛西娅 L. 泰特 著 杨永华 张心影 编译	30.00
	72	《美国名师游戏教学本土化应用：小学数学》	（美）玛西娅 L. 泰特 著 谢艳红 编译	30.00
	73	《美国名师游戏教学本土化应用：小学科学》	（美）玛西娅 L. 泰特 著 刘丽萍 编译	30.00
	74	《美国名师游戏教学本土化应用：小学社会》	（美）玛西娅 L. 泰特 著 姜梅芳 编译	30.00
	75	《美国名师游戏教学本土化应用：小学音体美》	（美）玛西娅 L. 泰特 著 尹立志 编译	30.00
鲁派名师名校·教育探索者系列	76	《悦读立人——校园阅读文化体系构建策略》	杨世臣	30.00
	77	《教育智慧何处来——一位特级教师的思考手记》	付立金	30.00
	78	《和雅文化——校本课程的创新构建》	汤善香	30.00
	79	《让个性绽放精彩——学校课程体系整合与创生》	谢建伟 徐淑萍	30.00
	80	《让每个学生都幸福——最能润泽生命的学校文化建设》	谢建伟 张新喜	30.00

系列	序号	书　　名	主编	定价
教育新思考系列	81	《语文教育向何处去》	王　丛	26.00
	82	《教育，就是做好普通的事》	孙志毅	27.00
	83	《走出语文的偏见——让学生体悟文本的原义》	丛智芳	30.00
	84	《让语文教学更高效——批注式阅读教学探索》	韩中凌	30.00
	85	《读写互促——探寻学以致用的语文教学》	曹　龙	30.00
	86	《跳出数学教数学——用文化融通数学教学》	马建秀	27.00
名师感悟系列	87	《让心灵伴着歌声成长——22位音乐名师的教育智慧》	陈　璞	30.00
	88	《超越自我的教师——32位名师的成长感悟》	李卫东　李秀伟	35.00
	89	《心灵的守护者——19位名班主任的教育智慧》	王晓松　曲文弘	30.00
	90	《名师感悟班主任有效工作艺术90例》	符礼科	30.00
	91	《名师感悟有效教学90例》	林高明　徐玉烟	30.00
信息化教学系列	92	《巧用白板教语文——信息技术与语文教学操作指南》	蒋丽清	30.00
	93	《跨越式实现高效课堂——信息技术与课程整合高效教学方案评析》	陈　玲　刘　禹	30.00
教师必读系列	94	《教师必学的16堂修养课》	武宏伟	30.00
	95	《教师不可不知的教学心理效应》	叶勇军	30.00
	96	《班主任不可不知的管理效应》	奚一琴	30.00
	97	《教师不可不知的教育心理效应》	孙　媛	30.00
	98	《校长不可不知的管理效应》	谢申刚　张金豹	30.00
	99	《成为好教师的7项修炼》	王福强　李维华	30.00
	100	《如何让学生会学习》	龙　冰	30.00
	101	《如何让学生爱学习》	周震宇　许小燕	30.00
核心教学主张系列	102	《新生代语文名师核心教学主张》	许友兰	30.00
行思讲坛系列	103	《灵动而朴素地教语文——潘文彬的微格教育生活》	潘文彬	30.00
	104	《师爱无疆——润泽学生心灵的教育故事》	侯忠彦	30.00
	105	《怎样反思更有效——促进教师专业发展的反思策略》	诸贝贝	30.00
	106	《成为高度自觉的教育者——写给后课标时代的数学教师》	许卫兵	30.00
	107	《哲思数学课》	刘全祥	30.00
	108	《智慧数学课——黄爱华教学思维的实践策略》	黄爱华	30.00

系列	序号	书名	主编	定价
行思讲坛系列	109	《童趣数学课》	徐　芳	30.00
	110	《把学生教聪明》	严育洪	30.00
	111	《教师最应该规避的教育误区》	杨坤道	30.00
	112	《用语文的方式教语文——潘文彬教学主张与实践智慧》	潘文彬	30.00
	113	《怎样让阅读教学更有效 ——提升教学能力的十种读诵模式》	汪秀梅	28.00
	114	《让生命在润泽中起舞 ——当代小学生最需要的主题班会》	吴联星　罗　琳 冯卫东	30.00
	115	《让生命欢快拔节 ——当代中学生最需要的主题班会》	冯卫东　吴联星	30.00
	116	《课堂因生成而精彩——高效教学的生成智慧》	张文质	30.00
	117	《回到每一个人的生命化教育 ——张文质二甲中学教育行动录》	张文质	30.00
中国教育变革之路丛书	118	《百年树人师何为——教师队伍建设困顿与出路》	将丽珠　李玉向	30.00
	119	《入园何时不再难——学前教育困惑与抉择》	曾晓东 范　昕　周　慧	30.00
	120	《三尺书桌何处寻——流动人口子女教育困难与破解》	范先佐	30.00
	121	《苦旅何以得纾解——高考改革困境与突破》	郑若玲	30.00
	122	《择校纠结何时了——择校问题困局与治理》	曾晓东　周文海 曾娅琴	30.00
创新教学思想系列	123	《“大问题”教学的形与神》	黄爱华　张文质	30.00
校长领导力系列	124	《高品质学校生长要素》	王益民	30.00
	125	《校长高校教学领导力提升策略》	徐世贵　郭文奇	30.00
教育漫笔系列	126	《课堂，诗意地栖居》	吴书华	30.00
新思维系列	127	《教育中的“不一定”——打破教育的19种思维惯式》	严育洪	30.00
教学提升系列	128	《有思想地教阅读——让学生学会品读文字真意》	王学东	30.00
教育艺术提升系列	129	《藏在师生体态语言里的教学智慧》	张　宇　廖生波	30.00

系列	序号	书　　名	主编	定价
教学全手册系列	130	《小学习作教学全手册》	郭家海	30.00
	131	《中学写作教学全手册》	郭家海	30.00
	132	《情境教学操作全手册》	冯卫东	35.00
	133	《合作教学操作全手册》	李春华	35.00
	134	《探究教学操作全手册》	周新桂	35.00
	135	《自主教学操作全手册》	诸葛彪	35.00
	136	《创新教学操作全手册》	王　玮	35.00
	137	《班主任工作全手册》	刘沛华	35.00
	138	《新教师工作全手册》	周震宇	35.00
	139	《学生心理健康教育全手册》	刘海莉　刘春杰	35.00
	140	《高效教学操作全手册》	马友平	35.00
创新人才培养系列	141	《创新人才培养校园科普精品课程开发与指导 ——人大附中创新人才培养》	罗　滨	30.00
	142	《创新人才培养特色校本课程开发与创新人才培养 ——清华附中"国际安全下的科学技术"课程构建与实施》	王殿军　方　研 赵宏雁	30.00
	143	《创新人才培养：学校实验室建设与管理》	刘克文 杨发丽　杨　平	30.00
	144	《创新人才培养：数学探究活动开发与指导》	马云朋　韩继伟	30.00
	145	《创新人才培养：化学研究活动开发与指导》	王　磊	30.00
	146	《创新人才培养：物理探究活动开发与指导》	廖伯琴	30.00
	147	《创新人才培养：地理探究活动开发与指导》	张建珍　陈　澄	30.00
	148	《创新人才培养：生物探究活动开发与指导》	张迎春	30.00
	149	《创新人才培养：理念探索与思维突破》	王晶莹	30.00
新生代通派名师系列	150	《简约数学教学》	许卫兵	30.00
	151	《语文教学的本真——情意课堂展现母语之美》	吴建英	30.00
	152	《语文课堂的理想追求——欢快达成三维目标》	董一红	30.00
	153	《阅读教学的真髓——意象构建读出文学的真美》	祝　禧	30.00
	154	《美术教育的真谛——审美人生教育让生命绚丽成长》	陈铁梅	30.00
	155	《语文教学的理想境界——无痕教学润泽生命》	李　凤	30.00
	156	《儿童作文的本义——嬉乐作文让儿童乐并成长着》	王笑梅	30.00
	157	《名师是怎样炼成的》	王建明　王笑君	35.00
幼师成长系列	158	《幼儿行为背后——教师如何读懂幼儿的心思》	吴亚英	30.00
	159	《最具教育力的22种幼儿教育思想》	杨　达	30.00
	160	《幼儿教师必知的安全应急措施》	杨　达	30.00
	161	《幼儿教师必备的教育技能》	李　玲	30.00
	162	《卓越园长21条幼儿园管理策略》	周　丹　江东秋	30.00